RADELZEIT AN DER MECKLENBURGISCHEN SEENPLATTE

Herrlich entspannte Touren zum Runterschalten & Genießen

VOLKER HÄRING

ÜBER MICH

Ein herzliches »Kette rechts«, ich bin Volker, und das Radfahren ist meine Leidenschaft. Schon mit vier Jahren hat es mich fasziniert, seitdem saß ich knapp eine halbe Million Kilometer auf dem Drahtesel, im Alltag und auf ausgedehnten Radtouren um die Welt. Als gebürtiger Franke schocken mich keine noch so langen Bergfahrten, als Wahlberliner lasse ich es aber auch gerne mal gemächlich angehen.

Meine persönliche Radelweisheit:

» **Die längsten Umwege starten als unbekannte Abkürzungen.**

LIEBE LESERIN, LIEBER LESER,

was für ein weitläufiger Landstrich! Schier endlos erscheinende Wasserflächen, kleine romantische Seen und gewaltige Binnengewässer. Doch die Mecklenburger Seenplatte ist mehr als nur eine von der Eiszeit geprägte Seenlandschaft. Sie ist eine Kulturregion, die neben unglaublich schöner Natur auch ganz viel Kulturelles und Kulinarisches zu bieten hat und die außerdem – hier wird es für uns Fahrradreisende interessant – von einem gut ausgeschilderten Netz von Radwegen durchzogen ist. Es war ein unglaubliches Vergnügen, die Seenplatte mit dem Rad zu entdecken. Die schönsten Routen, die mir unter die Räder gekommen sind, habe ich in diesem Buch zusammengestellt.

Eine herrlich entspannte Radelzeit wünscht

INHALT

UND SONST SO?

UNTERWEGS AUF DEN SCHÖNSTEN STRECKEN …

PFLAUMEN UND AUSSICHT

» Der Ausblick auf den Malchiner See ist atemberaubend, und dann hängen da auch noch auf mehreren Kilometern Pflaumen am Baum. Tour 4, kurz hinter Remplin, Seite 44

MEDITATIVES RADELN

» Gemächlich am Eldekanal entlang die Stille genießen und den Wasservögeln zuschauen. Genussradeln vom Feinsten! Tour 7, zwischen Kuppentin und Schleuse Bobzin, Seite 74

WALDWEG INS GLÜCK

» Selten befahren und dennoch wunderbar. Am Westufer des Plauer Sees locken Märchenwald, Traumstrand und ein Radlerimbiss vom Feinsten. Tour 8, zwischen Plau und Bad Stuer, Seite 84

WO DER WILDE REIHER HAUST

» Kaum aus der Stadt raus, schon: Natur pur. Nur wenige Hundert Meter Holzsteg über das Feuchtgebiet, aber mit der schönste Radabschnitt der Seenplatte. Tour 11, kurz hinter Waren, Seite 114

LUZINFÄHRE

» Es ist ein anstrengender Weg zu und von der Fähre, aber die Mühe lohnt sich. Schattiger Wald, und dann der Schmale Luzin mit seiner legendären Fähre. »Hol över!« Tour 18, südlich von Feldberg, Seite 184

WALDBADEN

» Abbremsen. Einatmen. Und langsam rollend den Märchenwald genießen. Der Serrahner Buchenwald ist Teil des UNESCO-Welterbes und mehr als eindrucksvoll. Tour 17, zwischen Zinow und Carpin, Seite 174

ENTSPANNT ROLLEN

» Nicht immer ist der Radweg so gut ausgebaut, kurz hinter Fürstenberg kann man dann aber mal über mehrere Kilometer eine perfekte Fahrradstraße genießen. Tour 20, kurz hinter Fürstenberg, Seite 204

ALLE TOUREN IM ÜBERBLICK
Schwaan
Laage
Wismar
Neukloster
Bützow
STEINTÄNZE & SLAWENBURGEN #3
Warin
Güstrow
GROSSER SEE & KLEINE STADT #2
Inselsee
Bad Kleinen
Brüel
Sternberg
Schweriner See
#1 MÄRCHENSCHLOSS & RÄUBERPFAD
Krakow am See
SCHWERIN
Krakower See
Goldberger See
Crivitz
NEBELTAL & FISCHGENUSS #6
Drewitzer See
ZAUBERWALD & INSELSTADT #8
#7
Fleesen
Malchow
DAS HERZ DER SEENPLATTE
Plau am See
#9
TECHNIK & GESCHICHTE
Parchim
Neustadt-Glewe
Ludwigslust
Meyenburg
Grabow
Putlitz
Karstädt
Pritzwalk
Wittstock/Dos

Gnoien
Loitz
Jarmen
Demmin
Dargun
Anklam
Neukalen
Kummerower See
VON STADTTOR
ZU STADTTOR
#4
Reuterstadt Stavenhagen
Altentreptow
Friedland
#5 EINMAL AALBUDE & ZURÜCK
Malchiner See
Neubrandenburg
WUNDERBARE MÜRITZ
#12
#11 NATIONALPARK MIT AUSSICHT
#14 BERG- & TALBAHN
Burg Stargard
Waren
#10 EIN HAUCH VON VORALPENLAND
Tollensesee
Woldegk
Lieps
Müritz
#13
WO DIE HAVEL
ENTSPRINGT
#15 BAROCK & GALOPP
Großer See
Röbel/Müritz
SKULPTUREN AN SEE
& SCHLOSS
#16
#17 DIE MAGIE
DER BUCHEN
#18 »FÄHRMANN,
HOL ÖVER«
Carwitzer See
Woblitzsee
Mirow
Wesenberg
Lychen
Fürstenberg/Havel
Stolpsee
DIE HAVELSEEN KULINARISCH #19
#20 AUF FONTANES SPUREN
Großer Stechlinsee
Rheinsberg

... UND AUCH PAUSE MACHEN NICHT VERGESSEN

ABHÄNGEN AM STRAND

» Da kann man eigentlich nur reinspringen, so verführerisch lockt das Wasser des Inselsees. Eine der schönsten Badestellen auf der Seenplatte. Tour 2, Stopp 2, Seite 29

TRAUMBLICK

» Selten gibt es so einen schönen Ausblick wie am Südufer des Schweriner Sees, wo das Schweriner Schloss am anderen Ufer grüßt. Tour 1, Stopp 2, Seite 19

GESCHICHTE INHALIEREN

» Hier atmet man prähistorische Geschichte förmlich mit der Waldluft ein. Ein magischer Moment am Boitiner Steintanz. Tour 3, Stopp 1, Seite 38

SCHWELGEN AM SCHLOSS

» Märchenhafter Ausblick, gutes Essen – und nur noch wenige Kilometer bis zum Ziel. Am Schloss Basedow kann man so richtig die Radlerbeine baumeln lassen. Tour 4, Stopp 5, Seite 50

KURZE ANDACHT

» Ein mystischer Ort, die Wüste Kirche Domherrenhagen, eine vegetationsüberwucherte Ruine, die Geschichte(n) erzählt und dazu einlädt, in sich zu gehen. Tour 10, Stopp 4, Seite 110

ESSENZIELLE PLATTE

» Nirgendwo kann man die Schönheit und Weite der Mecklenburgischen Seenplatte besser genießen als am Aussichtspunkt Reiherberg. Tour 18, Stopp 1, Seite 188

FISCH IM FLADEN

» Fischbrötchen gibt es überall auf der Seenplatte, im warmen Fladenbrot allerdings nur im Fischladen in Feldberg. Entspannt draußen sitzen und herzhaft reinbeißen! Tour 17, Stopp 5, Seite 180

EINFACH LOSRADELN

DIE RADELPAUSEN

>> START
Bahnhof Schwerin

KM 1
1 Bronzefigur Schirmkinder
Kunst zum Anfassen

KM 2,3
2 Schweriner Schloss
Fotostopp mit Traumblick

KM 10,5
3 Räuber-Röpke-Pfad
Rast beim Räuber

Märchen-schloss & Räuberpfad

Immer nah am Wasser von Schwerin nach Parchim

Seen und Kanäle sind ständige Begleiter auf dieser Tour. Zuweilen grüßt jemand vom Kanu, einmal gar ein Räuber, immer mal wieder ein idyllisches Dorf und ein herrschaftliches Gut. Meist rollt es aber flach und einsam durch die Natur.

KM 16,9

4 Störkanal mit Hubbrücke
Kanalidylle mit cleverer Technik

KM 28,6

5 Sagenpfad
Märchen erleben

KM 29,8

6 Jagdschloss Friedrichsmoor
Wild und herzhaft

KM 49 » ZIEL

Bahnhof Parchim

EIN ANBLICK WIE NEUSCHWANSTEIN

Nein, eigentlich sogar ein viel besserer Anblick, weil bei Neuschwanstein zumeist Tausende Japaner, Chinesen und US-Amerikaner in der Sichtachse stehen. Das **Schweriner Schloss** ist (noch) Geheimtipp. Da macht es auch kaum etwas aus, dass man nach dem Fotostopp bei den **Schirmkindern** per Rad recht unsanft auf das Märchenschloss zurumpelt – das berühmt-berüchtigte Mecklenburger Kopfsteinpflaster ziert auch die Straßen der Schweriner Innenstadt.

Rund um den Schweriner See wird die Fahrt dann ruhiger. Das Schloss grüßt noch einmal malerisch vom Südufer, dann ist die Stadt auch schon zu Ende und die Fahrt geht durch den Wald. Vögel zwitschern, eine leichte Brise weht vom See und mischt sich mit dem frischen Duft des Waldes. Wasservögel fühlen sich am ursprünglich belassenen Ufer sichtlich wohl, die Fahrt geht durch ein Feuchtbiotop.

RUHE, MAGISCHES LICHT, UND IRGENDWO ZWITSCHERT EIN VOGEL – EINE ZAUBERHAFTE AUSZEIT

Dann lockt der **Räuber-Röpke-Pfad**. Der mutet, was den Untergrund betrifft, tatsächlich zuweilen kriminell an, die wenigen Sand- und Wurzelpassagen verleihen der Tour einen Schuss Offroad-Feeling. Der Blick über die weite, von der letzten Eiszeit geprägten Hügellandschaft entschädigt jedoch für so manche Baumwurzel, die einen aus dem Sattel hüpfen lässt.

Wo der Räuber sich verabschiedet, geht es auf mäandernden Straßen durch die Dörfer und dann an den **Störkanal**. Laut schrillt das Warnsignal, bevor die Hebebrücke in Plate langsam an Höhe gewinnt und den größeren Pötten die Durchfahrt ermöglicht. Auf zwei Rädern macht es aber genauso viel Spaß, den Kanal entlangzufahren. Zuweilen grüßt ein sportlicher Mensch von seinem Kanu, ansonsten ist es meditativ ruhig. Märchenhaft ist der Seitenarm Richtung **Jagdschloss Friedrichsmoor**. Magisch bricht sich das Licht an der Vegetation.

Zauberhaft auch der **Sagenpfad**, der den Weg säumt. Geschichte für Geschichte erzählen Schautafeln und Kunstinstallationen aus dem Sagenschatz der Region Lewitz.

Jetzt erst einmal eine Stärkung im Jagdschloss! Wildburger gefällig?

Lädt zum Baden ein: Der Zippendorfer Strand

Auch einen Abstecher wert: Die Schweriner Altstadt

Idylle am Störkanal

RADELN & GENIEßEN

START
Bahnhof Schwerin

Am Bahnhofsvorplatz rechts abbiegen und gleich wieder links der Straße Am Bahnhof bergab folgen bis zum Pfaffenteich. Gegen den Uhrzeigersinn am Ufer entlangfahren.

KM 1

1 **Bronzefigur Schirmkinder**

Fotomotiv zum Anfassen

Keine tiefgründige Kunst, sondern einfach nur eine originelle Skulptur und DAS Fotomotiv am Schweriner Pfaffenteich. Eine ähnliche Skulptur des ursprünglich aus Serbien stammenden Stephan Horota steht seit den 1960er-Jahren in Berlin an der Prenzlauer Allee, die Schirmkinder kamen 1973 auch nach Schwerin. Anfassen ist ausdrücklich erlaubt! Regelmäßig landet auch ein Kinderschuh oder ein Plüschtier auf der ausgestreckten Hand der kleineren Figur. Und Jung und Alt lassen sich gerne mit der Skulptur fotografieren. Selfie!

Über Friedrichs- und Puschkin- zur Schlossstraße, und dann gegen den Uhrzeigersinn durch den Schlossgarten um das Schloss herumradeln.

Kunst mit den und für die Kleinen: Die Schirmkinder

Ein Hauch von Disney: Das Schweriner Schloss

Nicht der Hotzenplotz, sondern der Räuber Röpke

KEINE DIEBSTAHL-GEFAHR! RÄUBER RÖPKE PASST AUF.

KM 10,5

3 Räuber-Röpke-Pfad

Rast beim Räuber

Wo es Handelsstraßen gab, da gab es auch Räuber. Zum Beispiel den Räuber Röpke, der der Sage nach die Gegend rund um Crivitz unsicher machte. Als man ihn schließlich überwältigte, fand man so einiges Magisches bei ihm: das köstlichste Bier, das man je getrunken hatte, und Kohlen, die sich in Gold verwandelten. Nachzulesen auf den schönen Schautafeln entlang des nach ihm benannten Pfades. Da gibt es auch eine Bank zum Rasten. Auch wenn es den Röpke wahrscheinlich gar nicht gab und er nie hier sein Unwesen trieb, eine schöne Radelstrecke mit grandiosen Ausblicken ist der Weg allemal! (www.sagen-erlebnis-pfad.de)

Dem Pfad folgen und an der Dorfkirche Peckatel rechts Richtung Plate abbiegen.

KM 2,3

2 Schweriner Schloss

Fotostopp mit Traumblick

Von vorne kann jeder! So richtig vor die Linse bekommt man das Schloss – ursprünglich eine slawische Burg – allerdings von der Stadtseite nicht. Die Schlossbrücke stört in ihrer Zweckmäßigkeit den märchenhaften Eindruck, und zu viele Autos sind auch noch im Bild. Aber ein paar Hundert Meter um den See herum fragt man sich ernsthaft, warum Disney nicht das Schweriner Schloss für seinen Cinderella-Film auserkoren hat. Es wurde Mitte des 19. Jahrhunderts sichtlich inspiriert vom Loire-Schloss Chambord als Neorenaissancebau zum Märchenschloss umgestaltet. Da könnte man vor lauter Staunen fast das Fotografieren vergessen.

Immer am See entlang bis zur B 321 bei Raben Steinfeld, hier rechts abbiegen.

Mystisch und Rätselhaft: Skulpturen am Sagenpfad

4

Störkanal mit Hubbrücke Plate

Kanalidylle mit cleverer Technik

Fast ein Blaues Wunder, aber deutlich kleiner als die berühmte Brücke bei Dresden. Die innovative Hubbrücke, die seit 2005 die alte Zugbrücke ersetzt, macht nicht nur wegen ihrer Blautöne etwas her, sie ist zudem so einfach wie genial. Kommt ein größeres Schiff, fährt der Brückenboden hydraulisch einfach ein paar Meter nach oben. Lange warten muss man nicht, bis man das sehen kann, vor allem im Sommer ist hier viel Ausflugsverkehr. Selbst wenn es ein wenig länger dauern sollte, bis ein Schiff vorbeikommt: Im Biergarten des Störkruges vergeht die Wartezeit bei einem Getränk wie im Flug. Idyllischer Blick auf Kanal und Brücke inklusive.

Immer am Kanal entlangfahren, bis der Damm nicht mehr befahrbar ist und ein Seitenarm nach rechts abbiegt. Diesem folgen.

KM 28,6

5

Sagenpfad

Märchen erleben

Da steht so einiges herum, am Seitenkanal. Neugierde lohnt: Aus dem Buch der Lewitzsagen sind einzelne Seiten herausgefallen und haben sich über die Lewitz verteilt. Diese, so der Ansatz des Sagenpfades, werden jeweils mit einer Schautafel und einer Kunstinstallation erlebbar gemacht. Vier davon befinden sich am sogenannten »Breiten Graben«. Auf dem Drahtesel fährt man durch das »Tor des Sagenlandes« und bekommt die Geschichten »Der Köhler in der Eiche«, »Gewitter zu Brenz« und »Bauer und Großherzog« erzählt. Die meditative Stimmung am Breiten Graben lässt keinerlei Hektik aufkommen, die Installationen sind in die üppige Natur eingebettet. Ein Ort zum Verweilen! Wer zu Hause noch einmal nachlesen möchte, kann www.wald-mv.de/sagenpfad aufrufen.

Dem Breiten Graben folgen, bis das Jagdschloss nicht mehr zu übersehen ist.

Straße hoch! Die Hubbrücke Plate

Hier logierte schon Bismarck: Das Jagdschloss Friedrichsmoor

EXTRA INFOS:

Zwischen Schwerin und dem Jagdschloss Friedrichsmoor wird es außerhalb der Saison und vor allem unter der Woche schwierig, eine Einkehrmöglichkeit zu finden. Proviant fassen kann man kurz hinter Schwerin im ● **Fischereihof Muess** (www.fischereihof-muess.de).

Wenn geöffnet, ist der ● **Störkrug in Plate** (www.facebook.com/leckermampfen) ein toller Pausenplatz etwa nach der Hälfte der Strecke.

KM 29,8

6 Jagdschloss Friedrichsmoor

Wild und herzhaft

KM 49 » ZIEL

Bahnhof Parchim

Radeln macht durstig, und nach so viel geistiger Nahrung kann auch etwas Kulinarisches nicht schaden. Das Jagdschloss war Jagdsitz mecklenburgischer Herzöge und sah so namhafte Besucher wie Kaiser Wilhelm I., Wilhelm II. und Otto von Bismarck. Heute können hier auch Otto und Ottilie Normalverbraucher übernachten und vor allen Dingen verbrauchte Kalorien und Flüssigkeit ausgleichen. Wie es sich für ein Jagdschloss gehört, gibt es hier frisch Erlegtes, aber auch allerlei Fisch. Einfach nur ein Kalt- oder Warmgetränk zu sich nehmen, geht auch. Auf jeden Fall lohnt der Stopp allein schon wegen des lauschigen Innenhofes. jagdschlossfriedrichsmoor.org

Durch weite Teichlandschaft in Richtung Parchim immer den Radwegweisern folgen.

Zum Reinbeißen: Wildburger mit Süßkartoffelpommes

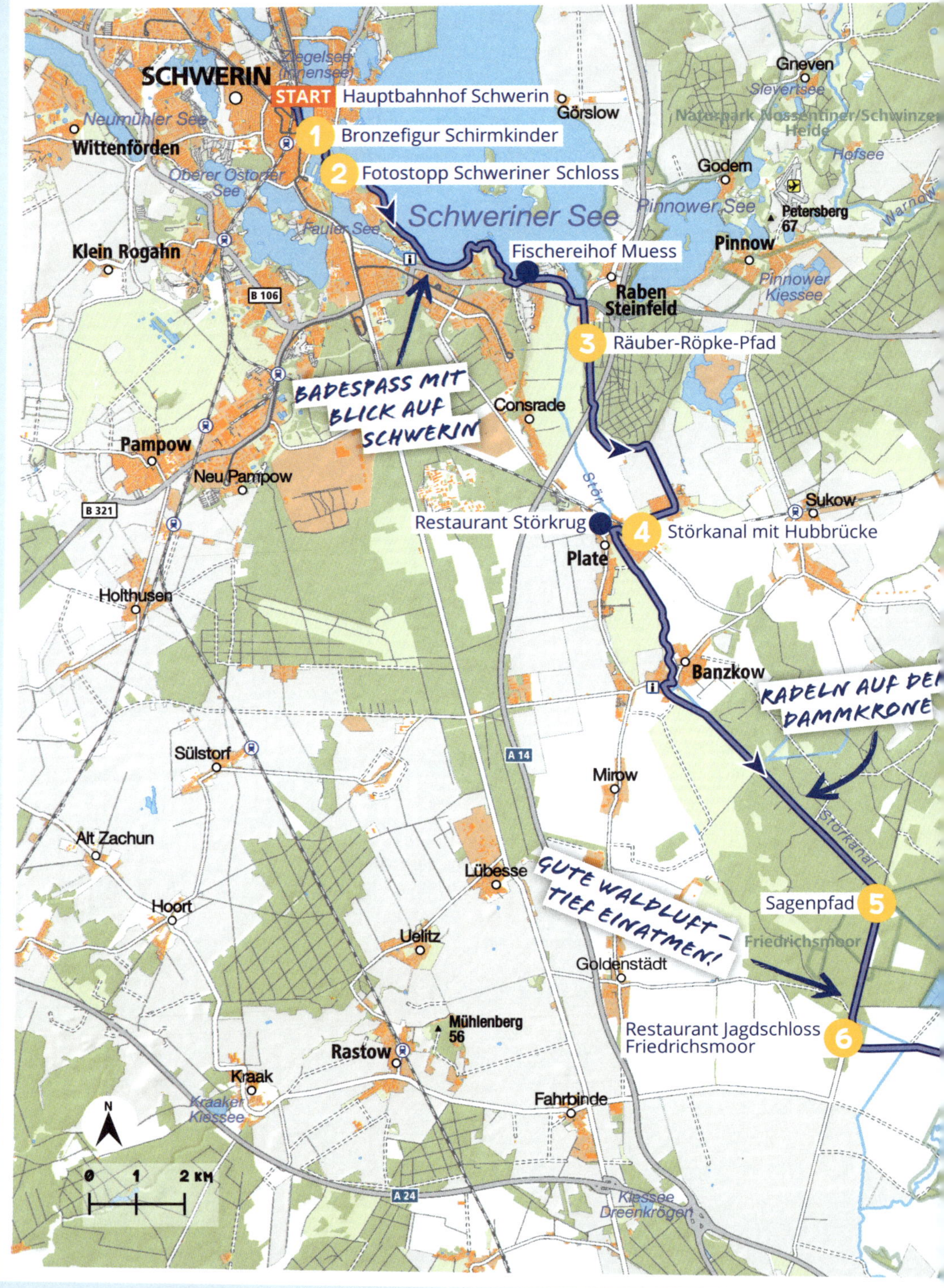
SCHWERIN
START Hauptbahnhof Schwerin
1 Bronzefigur Schirmkinder
2 Fotostopp Schweriner Schloss
Schweriner See
Fischereihof Muess
3 Räuber-Röpke-Pfad
BADESPASS MIT BLICK AUF SCHWERIN
Restaurant Störkrug
4 Störkanal mit Hubbrücke
RADELN AUF DER DAMMKRONE
GUTE WALDLUFT – TIEF EINATMEN!
Sagenpfad 5
Restaurant Jagdschloss Friedrichsmoor 6
Wittenförden
Neumühler See
Görslow
Gneven
Godern
Pinnow
Raben Steinfeld
Klein Rogahn
Pampow
Neu Pampow
Consrade
Plate
Sukow
Banzkow
Holthusen
Sülstorf
Mirow
Alt Zachun
Lübesse
Hoort
Uelitz
Goldenstädt
Friedrichsmoor
Mühlenberg 56
Rastow
Kraak
Fahrbinde
B 106
B 321
A 14
A 24
0 1 2 KM
N

AUF EINEN BLICK

- **Start:** Bahnhof Schwerin
- **Ziel:** Bahnhof Parchim
- **Strecke:** 49 km (Streckentour)
- **Reine Radelzeit:** 3 Std. 30 bis 4 Std.
- **Höhenmeter:** ↗ 23 m, ↘ 24 m
- **Wegbeschaffenheit:** Kaum Asphalt, aber sehr gut zu fahrende Wald- und Kieswege. Der Räuber-Röpke-Pfad ist recht holprig, der Damm entlang des Störkanals aber erstaunlich gut zu befahren. In den Ortsdurchfahrten immer wieder kurze Kopfsteinpflasterpassagen. Kaum Steigungen.
- **Beste Zeit:** Frühling bis Herbst.
- **Mitnehmen:** Badezeug (für einen Stopp am See nach dem Schweriner Schloss), in der Nebensaison unter der Woche Proviant.

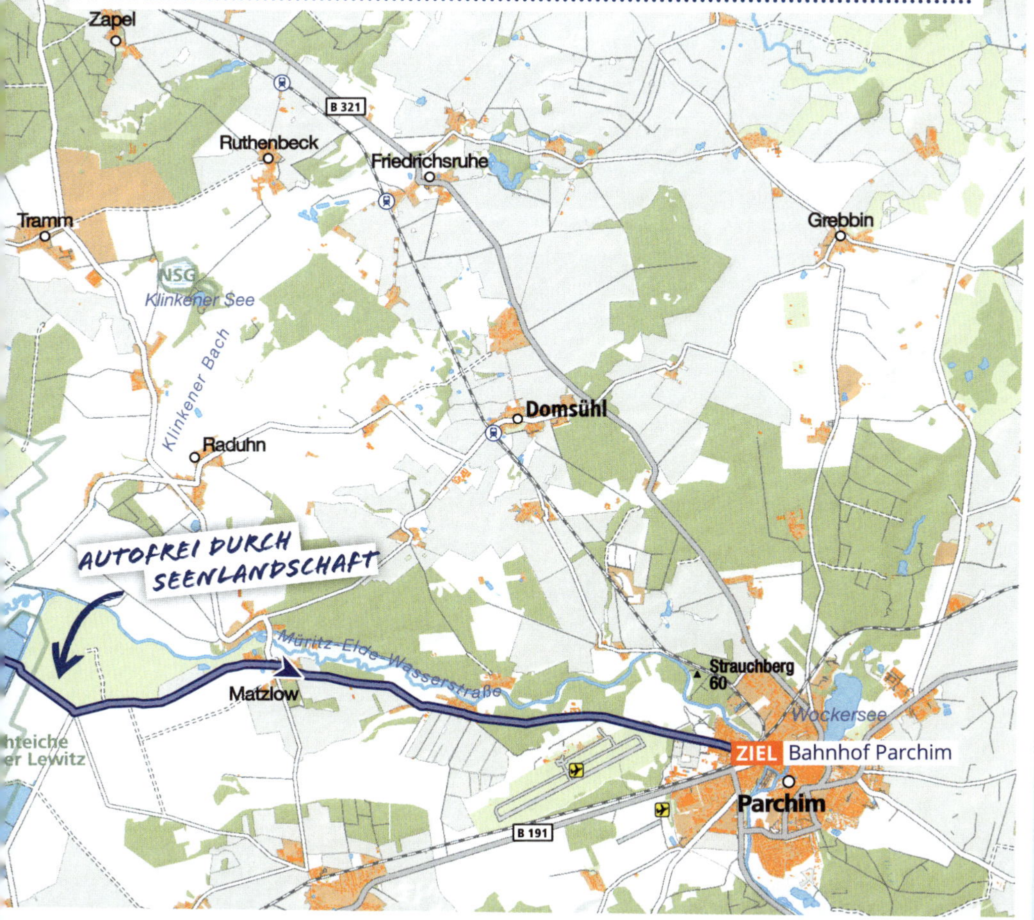

Zapel
B 321
Ruthenbeck
Friedrichsruhe
Tramm
Grebbin
NSG
Klinkener See
Klinkener Bach
Domsühl
Raduhn
AUTOFREI DURCH SEENLANDSCHAFT
Müritz-Elde-Wasserstraße
Matzlow
Strauchberg 60
Wockersee
nteiche
er Lewitz
ZIEL Bahnhof Parchim
Parchim
B 191

DIE RADELPAUSEN

»START
Bahnhof Güstrow

KM 1,3
1 Uwe-Johnson-Denkmal
Aug in Aug mit Uwe Johnson

KM 5,3
2 Badestelle Inselsee
Ein Hauch von Asien

KM 13,1
3 Obsthof Sternberg
Vitamine tanken

Von Güstrow nach Bützow

Allein Güstrow, die Barlachstadt, ist die Reise wert. Mehr aber noch der Inselsee im Süden der Stadt. Nach einer Runde um den See geht es immer den Bützow-Güstrow-Kanal entlang bis nach Bützow, das in einer großen und einer ganz kleinen Version existiert.

KM 26,3

4 Historische Zugbrücke
Alte Technik bewundern

KM 35,8

5 Miniaturstadt Bützow
Bützow von oben und in klein

KM 39

6 Eiscafé am Alten Hafen
Eis schlecken

KM 42,1 » ZIEL

Bahnhof Bützow

WER BLICKT EINEN DA AN?

Der Schriftsteller **Uwe Johnson** von seinem **Denkmal** natürlich, in der Jugend Wahlgüstrower. Der Dom mit dem berühmten Barlach-Kunstwerk »Der Schwebene« öffnet erst um 10 Uhr, das Güstrower Schloss ist eingerüstet, also ab an den See!

Die Güstrower haben nahe am Wasser gebaut, einige zumindest, die am **Inselsee** ihr Domizil haben. Halb ins Wasser ragende Holzhäuschen, sodass man sich fast in Südostasien wähnt. Der See selbst ruhig und klar, ein Holzsteg, der ins Wasser führt, da muss man einfach das Schwimmzeug auspacken. Danach: abtrocknen und wieder aufs Rad.

WIE MEDITIEREN: ENTSPANNT AM KANAL ENTLANGRADELN UND DABEI EIN LIED PFEIFEN

Ein paar Vitamine gibt es als Belohnung für den kleinen Anstieg zum **Obsthof Sternberg**, wo der Hofladen mit einem bunten Schild frisches Obst anpreist. Und einen weiten Blick auf Güstrow und den See gibt es obendrauf.

Hat man nach einer kurzen Abfahrt den Bützow-Güstrow-Kanal an der alten **Zugbrücke** erreicht, bleibt es bis an das Ziel schön eben. Auf dem alten Treidelpfad rumpelt es zuweilen ein wenig, einige Abschnitte sind aber auch gut ausgebauter Radweg. Der überwachsene Kanal hat etwas Meditatives, man richtet sich entspannt im Sattel auf und pfeift innerlich ein Liedchen. Vorsicht: Zuweilen ragt eine Weide in den Weg. Autos fahren hier kaum, nur der DHL-Bote scheint sich verfahren zu haben. Ein Storch sucht nach Essbarem auf der Wiese, der Fischreiher fühlt sich von so viel Radelei gestört. Weiter führt die Strecke auf Betonplatten in Richtung Ziel.

Bützow voraus! In der Realität und in der **Miniaturausgabe** etwa 500 Meter links der Strecke. Die ganze Altstadt Bützows im Maßstab 1:10. Was für eine Bastel- und Lebensaufgabe!

Eine **Eisdiele** in klein hat die Ministadt noch nicht, aber das große Bützow, gleich am Eingang der Altstadt auf der linken Seite, mit Blick auf den Kanal und einer Terrasse zum Draußensitzen. Zum Abschluss eine kleine Runde durch Bützow, Kirche und Schloss, dann wartet schon die Bahn nach Hause. «

Innen Barlach, draußen Backstein: Der Güstrower Dom

Schattig-schön: Allee am Inselsee

Hier muss man einfach ins Wasser springen: Der Inselsee

RADELN & GENIEẞEN

START

Bahnhof Güstrow

Schräg über den Bahnhofsvorplatz, und dann rechts auf die Ringstraße einfädeln.

Skeptischer Blick des Autors: Uwe Johnsin

KM 1,3

1 Uwe-Johnson-Denkmal

Aug in Aug mit Uwe Johnson

Einmal einem berühmten Schriftsteller gegenüberstehen. In Güstrow kann man das. Seine überlebensgroße Statue steht vor seiner alten Schule, dem heutigen John-Brinckmann-Gymnasium. Johnson, neben dem Bildhauer Ernst Barlach der berühmteste Sohn Güstrows, war einer der Protagonisten der Gruppe 47 und einer der einflussreichsten deutschen Schriftsteller nach dem Zweiten Weltkrieg. Das Denkmal steht hier seit 2007. Vielleicht ein Anreiz, einmal etwas von ihm zu lesen? Sein Hauptwerk, der vierbändige Roman »Jahrestage«, sollte aber aus Gewichtsgründen besser nicht in die Fahrradtasche.

Mecklenburg, nicht Laos: Badestelle am Inselsee

An Dom und Schloss vorbei dem Wegweiser zum Barlach-Haus folgen.

KM 5,3

2

Badestelle Inselsee

Ein Hauch von Asien

Wer schon einmal in Südostasien gewesen ist und über den Inselsee schaut, der am südlichen Ortsende der Stadt liegt, wird seinen Augen nicht trauen. Sind das da Pfahlbauten aus Holz? Tatsächlich stehen hier ein paar aufgeständerte private Ferienhäuschen im See. Da würde man sich am liebsten auf die Terrasse setzen. Die Badestelle übt aber auch einen enormen Reiz aus, ein Betonsteg führt ins Wasser, man kann also öffentlich nach Herzenslust in den See springen. Nur ganz so warm wie in Südostasien ist er meistens nicht.

Die Seestraße um den Inselsee nehmen.

Äpfel zum Selbstpflücken

KM 13,1

Obsthof Sternberg

Vitamine tanken

Da grinst ein Apfel. Und ein schnauzbärtiger Bauer mit Strohhut und gehobenem Daumen preist das aktuelle Saisonobst an. Wenn das keine Versuchung ist! Der Hofladen des Obsthofes Sternberg hat täglich außer am Sonntag geöffnet und bietet saisonales Obst und die eine oder andere lokale Spezialität an. Das meiste ist sogar bio. Noch eine gute Nachricht: Ab hier geht die Tour nur noch bergab oder eben weiter, es kann also das eine oder andere Kilo Obst in die Fahrradtasche wandern (Bölkower Str. 5, Gutow).

Der Straße folgen, an der nächsten Kreuzung links Richtung Bülow.

KM 26,3

4 Historische Zugbrücke

Alte Technik bewundern

Man muss schon zweimal hinschauen, bevor man merkt, dass es sich hier um eine Zugbrücke handelt. Es hatte sich die Frage aufgedrängt, wie zu alten Zeiten die Boote auf dem Bützow-Güstrow-Kanal unter der niedrigen Brücke durchgekommen sind. Ein beeindruckendes technisches Relikt von 1896, das heute aber nicht mehr in Betrieb ist. Für die Schifffahrt wird der Kanal heute nicht mehr genutzt, und auch der Uferweg sieht kaum Fahrräder und noch weniger Autoverkehr, ist aber meist gut ausgebaut. Ein absolut entspanntes Radeln mit viel Natur und dem einen oder anderen Wasservogel.

Kurz vor Bützow dem Schild »Mini-Bützow« folgen und links abbiegen.

Da ist das Rad größer als der Kirchturm: Miniaturstadt Bützow

Entspannt rollt es sich am Bützow-Güstrow-Kanal

KM 35,8

5 Miniaturstadt Bützow

Bützow von oben und in klein

Absolutes Staunen darüber, wie jemand so viel Geduld aufbringen kann! Seit fast 30 Jahren basteln die Herren und Damen an der Miniaturstadt Bützow. 240 Häuser der Altstadt sollen hier originalgetreu im Zustand von 1850 bis 1900 nachgestellt werden, knapp 150 sind schon fertig. Das ist nicht nur eine Spielerei, sondern hat durchaus historischen Anspruch. Für die Rekonstruktion wurden alte Fotos, Postkarten und Baupläne zurate gezogen. Wann hat man das schon einmal, dass man einen 3-D-Stadtplan seines Ziels geboten bekommt, bevor man es überhaupt erreicht. Nur mit dem Rad darf man durch die Ministadt im Maßstab 1:10 nicht fahren. Nicht, dass die Satteltaschen noch den Kirchturm einreißen! (www.buetzow-schwaan.de/ministadt.htm)

Der Hauptstraße folgen, am Bahnhof links abbiegen Richtung Altstadt.

EXTRA INFOS:

Kommt man nach 10 Uhr vormittags in Güstrow an, kann man im Dom der Barlachfigur ● **»Der Schwebende«** die Aufwartung machen.

Mehr vom berühmten Bildhauer Barlach gibt es auch im kleinen, aber feinen Atelierhaus des ● **Barlachmuseums** am Inselsee (www.ernst-barlach-stiftung.de).

KM 42,1 » ZIEL

Bahnhof Bützow

KM 39

6 Eiscafé am Alten Hafen

Eis schlecken

Eine Eisdiele gab es nicht in der Miniaturstadt. Da hat die große Schwester durchaus einen Vorteil. Das Eiscafé am Alten Hafen ist ein echter Hingucker und könnte strategisch nicht besser liegen, direkt am Entrée zur Altstadt. Eis schlecken kann man draußen mit Blick auf die Warnow, die hier sehr träge entlangfließt, oder gemütlich im Inneren hinter großen Panoramascheiben. Wer keine Lust auf Eis hat: Allein das Pavillongebäude mit den bodentiefen Fenstern und dem geschwungenen Walmdach ist ein Foto wert (Langestraße 1a, Bützow).

Eine Runde durch die Stadt drehen, dann der Hauptstraße und der Beschilderung zum Bahnhof folgen.

Und zum Abschluss ein leckeres Eis!

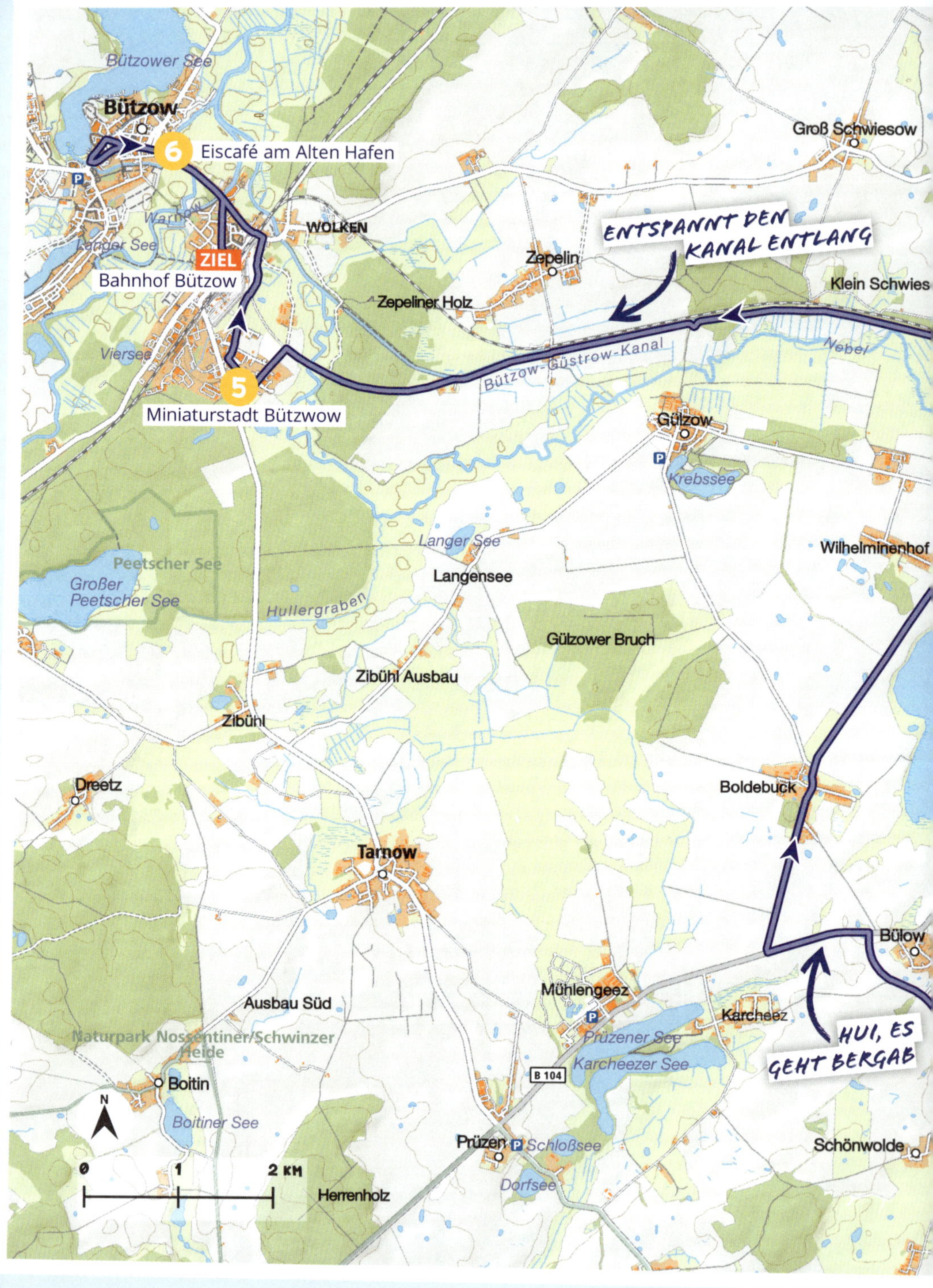
Bützower See
Bützow
6 Eiscafé am Alten Hafen
Warnow
Langer See
ZIEL
Bahnhof Bützow
WOLKEN
ENTSPANNT DEN KANAL ENTLANG
Zepelin
Groß Schwiesow
Klein Schwies
Zepeliner Holz
Viersee
5
Miniaturstadt Bützwow
Bützow-Güstrow-Kanal
Nebel
Gülzow
Krebssee
Langer See
Langensee
Wilhelminenhof
Peetscher See
Großer Peetscher See
Hullergraben
Gülzower Bruch
Zibühl Ausbau
Zibühl
Dreetz
Boldebuck
Tarnow
Bülow
Mühlengeez
Karcheez
Ausbau Süd
Naturpark Nossentiner/Schwinzer Heide
Prüzener See
Karcheezer See
HUI, ES GEHT BERGAB
B 104
Boitin
N
Boitiner See
Prüzen
Schloßsee
Schönwolde
0
1
2 KM
Herrenholz
Dorfsee

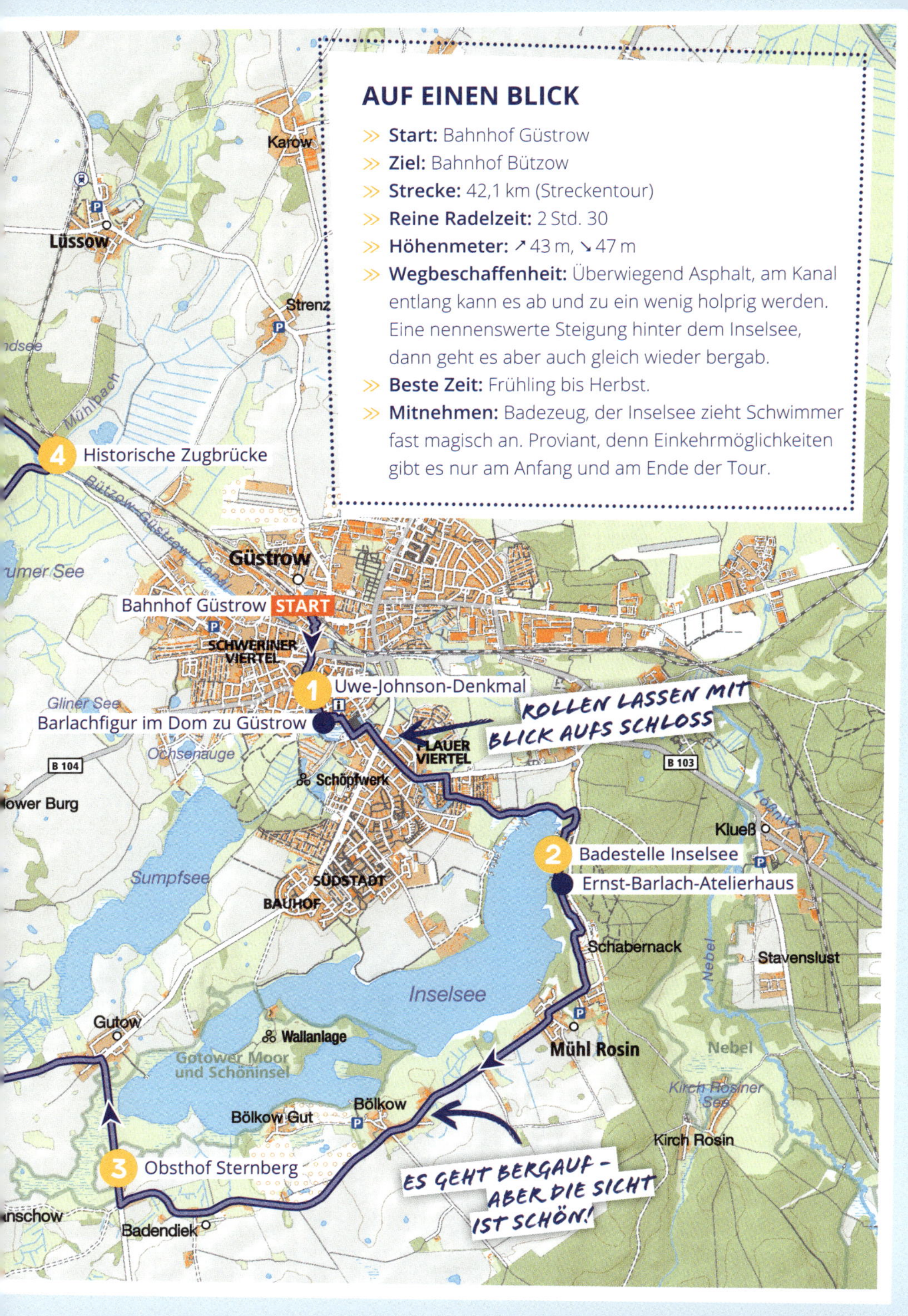

AUF EINEN BLICK

- **Start:** Bahnhof Güstrow
- **Ziel:** Bahnhof Bützow
- **Strecke:** 42,1 km (Streckentour)
- **Reine Radelzeit:** 2 Std. 30
- **Höhenmeter:** ↗ 43 m, ↘ 47 m
- **Wegbeschaffenheit:** Überwiegend Asphalt, am Kanal entlang kann es ab und zu ein wenig holprig werden. Eine nennenswerte Steigung hinter dem Inselsee, dann geht es aber auch gleich wieder bergab.
- **Beste Zeit:** Frühling bis Herbst.
- **Mitnehmen:** Badezeug, der Inselsee zieht Schwimmer fast magisch an. Proviant, denn Einkehrmöglichkeiten gibt es nur am Anfang und am Ende der Tour.

DIE RADELPAUSEN

» START
Bahnhof Bützow

KM 16,8
1 Boitiner Steintanz
Mit den Steinen tanzen

KM 23,8
2 Zauberwald
Tief einatmen!

KM 24,5
3 Slawenburg Groß Raden
Den Slawen einen Gruß

3 STEINTÄNZE & SLAWEN-BURGEN

Von Bützow über Sternberg nach Blankenberg

Etwas abenteuerlich ist diese Tour, und sie hat ihre magischen Momente. Es geht viel über Wald- und Feldwege durch dichte Wälder und hügelige Landschaft. Auf dem Programm stehen eine prähistorische Nekropole, eine Slawenburg und der Mecklenburger Landtag.

KM 26

4 Restaurant zum Burgwall
Mal was anderes essen

KM 32

5 Rathausbrunnen Sternberg
Erfrischung!

KM 35,1

6 Sagsdorfer Brücke
Open-Air-Palaver

KM 46,8 » ZIEL

Bahnhof Blankenberg

EINE RUNDE DURCH BÜTZOW

Eine beschauliche Stadt, mit einer schönen Kirche, ein stattliches Schloss, das man leider nicht besichtigen kann, weil der Amtsschimmel dort wohnt. Gleich hinter Bützow geht es über Moränen mit Maisfeldern in Richtung Sternberg. Immer mal wieder märkischer Sand auf der Spur, manchmal schlingert das Vorderrad, meist ist es hier aber gut zu fahren. Nur zu schnell sollte man nicht sein, aber dafür ist die Landschaft auch viel zu abwechslungsreich. Vereinzelt blau-violette Kornblumen auf den Feldern – schön! Ein paar Brennnesseln ragen in den Weg – autsch!

DER ZAUBERWALD MACHT SEINEM NAME ALLE EHRE, WIEDER ASPHALT UNTER DEN RÄDERN IST AUCH TOLL

Hätte man auf der Straße bleiben sollen? Nein, der Abstecher zum **Boitiner Steintanz** lohnt sich. Eine prähistorische Nekropole an einem magischen Ort mitten im Wald. Raus aus dem Wald geht es auf einsamen Landstraßen über die hügelige Landschaft. Immer wieder kleine Seen, ein paar Gehöfte, dann wieder Wald. Jede Menge Totholz. Das Summen eines Wespennestes. Aufsteigender Nebel, Zwielicht. Was für ein mystischer Ort.

Am besten jetzt ein paar Hundert Meter schieben, um die Stimmung aufzunehmen. Man erwartet jeden Moment einen weiteren Steintanz in diesem **Zauberwald**.

Stattdessen steht da eine **slawische Burg** in der Landschaft, am Groß Radener See. Fotostopp mit Holzwachturm. Dort macht ein BBQ-Restaurant überzeugend Werbung. Nichts wie hin, ins **Restaurant zum Burgwall**. Es gibt Krokodilburger, Craftbeer und Selbstgebrannten. Nur nicht in Versuchung geraten, sonst werden die Beine zu schwer, was sich spätestens beim kleinen Anstieg zum Sternberger Marktplatz rächen würde.

Der **Rathausbrunnen** kommt gerade recht als Abkühlung! Bis vor Kurzem fuhr noch die Eisenbahn nach **Sternberg**, nun ist die Strecke stillgelegt. Also ein Stück zurückradeln, dann links abbiegen, Schussfahrt zur Brücke, wieder hoch – Moment, war da nicht was?

Ein Gedenkstein auf dem Feld, der an die historischen Mecklenburger Landtage an der **Sagsdorfer Brücke** erinnert. Noch ein Hügel, dann hat man den Bahnhof Blankenberg erreicht. Der wirkt trotz seiner vielen Gleise so verlassen, dass man fast erstaunt ist, wenn ein Zug einrollt. «

Service am Wegrand: Sehenswürdigkeiten werden ausführlich beschrieben

Liegt etwas versteckt: die Bützower Kirche

Bei Rückenwind fliegt es sich durch die Mecklenburger Weite

RADELN & GENIEßEN

Bützow-Blankenberg

Vom Bahnhof eine kleine Runde durch die Stadt drehen und dann dem Radweg Richtung Sternberg folgen.

Wer hier wohl begraben liegt?

KM 16,8

1

Boitiner Steintanz

Mit den Steinen tanzen

Wenn man jetzt nicht wüsste, dass dies ein heiliger Ort war, würde man das Gleiche fühlen? Die Lichtung, auf der der Steintanz steht, hat auf jeden Fall etwas Mystisches. Ob das an den Steinen liegt, die da im Kreis aufgestellt sind? Am Licht, das sich in den Baumkronen bricht? Oder doch an der Tatsache, dass man gelesen hat, dass es sich hier um eine prähistorische Kult- und Begräbnisstätte handelt? Die Sage erzählt, dass es sich beim Boitiner Steintanz um eine Hochzeitsgesellschaft handelt, die verwunschen wurde, weil sie mit Lebensmittel kegelte. Dann also besser kein Picknick am Steintanz!

Weiter durch den Wald der Beschilderung Richtung Sternberg folgen.

Geschichtslektion in Holz: die Slawenburg Groß Raden

KM 24,5

3 Slawenburg Groß Raden

Den Slawen einen Gruß

Seit Mitte des 7. Jahrhunderts waren die Slawen in Mecklenburg ansässig und haben eine Menge Spuren hinterlassen. Hier, in Groß Raden, befand sich eine Tempelanlage des slawischen Stammes der Warnower. Sie haben auch eine große Ringwallburg errichtet, deren Reste bis heute zu sehen sind. Anhand archäologischer Ausgrabungen wurde das Leben der Slawen im Frühmittelalter rekonstruiert und ein Freiluftmuseum in Form eines slawischen Dorfes errichtet. Eine schöne Abwechslung zum Radfahren, der kleine Rundgang mit Blick auf den Groß Radener See. Fotostopp!

Der Straße um den See folgen bis Groß Raden.

KM 23,8

2 Zauberwald

Tief einatmen!

Irgendwie fühlt es sich an, als wäre man falsch abgebogen. Und ja, man könnte auch einen kleinen Umweg fahren und dann gemütlich auf der Landstraße radeln. Um diese Waldpassage wäre es aber sehr schade. Ja, es ist ein wenig uneben, es geht auf Waldweg teilweise steil den Berg hinunter, aber auf einer Radtour kann man auch einmal absteigen, schieben und die Langsamkeit genießen. Und hier sollte man es geradezu. Ein wahrer Zauberwald mit dicht an dicht stehenden Bäumen, eine Menge Totholz, kaum ein Laut außer dem Summen eines Insektenschwarms. Einatmen, ausatmen, genießen.

Am Ende des Zauberwaldes rechts auf den planierten Weg den See entlang einbiegen.

Es kreucht und kriecht im Wald

Exoten im Burger: Känguru oder Krokodil?

KM 26

Restaurant zum Burgwall

Mal was anderes essen

Wenn überall Werbung für ein Restaurant hängt, kann man schon skeptisch werden. Haben die es so nötig? Auf jeden Fall kann man das Restaurant zum Burgwall nicht verfehlen, man wird förmlich mit der Nase darauf gestoßen. Und das ist auch gut so. Es geht in dem Etablissement mit dem Wikingerthema vor allem um Fleisch, in allen Variationen, bis hin zur Schnitzel-Pizza. Und es gibt allerlei Exotisches: Känguru, Krokodil, Strauß. Stolz ist das Restaurant auf seine Burger und Steaks. Und den Selbstgebrannten und das Craftbier. Auf jeden Fall ist es ein kulinarisches Erlebnis – und für Vegetarier ist auch etwas auf der Karte (www.zum-burgwall.de).

Der Hauptstraße nach Sternberg folgen.

KM 32

Rathausbrunnen Sternberg

Erfrischung!

Sternberg liegt theoretisch am gleichnamigen See. Gemeinerweise befindet sich der Altstadtkern jedoch auf einem Hügel, und da hat keiner an die Verkehrsteilnehmer:innen gedacht, die per Fahrrad unterwegs sind. Der abgetrennte Radweg nimmt gerne noch ein paar Extrasteigungen mit, wo es sowieso schon recht steil ist. Da kommt der Rathausbrunnen ganz recht. Der ruft förmlich danach, den Kopf drunterzuhalten und sich zu erfrischen. So macht dann auch die Stadtbesichtigung im durchaus sehr sehenswerten Städtchen wieder Spaß. Das mittelalterliche Sternberg hat sich fein herausgeputzt, einen längeren Blick ist die teilweise noch gut erhaltene Stadtmauer wert.

Vom Rathaus die gleiche Strecke zurückfahren bis Ortsausgang, dort links auf die Nebenstraße.

Bei Hitze lockt der Rathausbrunnen

Geschichte trifft Gegenwart an der Sagsdorfer Brücke

KM 35,1

6 Sagsdorfer Brücke

Open-Air-Palaver

Ein Landtag, der einmal im Jahr nur einen Tag zusammenkommt, und das auch noch im Freien, mitten in der Landschaft. Das wäre einmal eine Anregung zur politischen Handlungsfähigkeit. Heute sieht man an der Sagsdorfer Brücke nur noch einen Gedenkstein, vom 13. bis Mitte des 16. Jahrhunderts fanden hier die Mecklenburger Landtage statt. Berühmt ist das Treffen von 1549, als der Landtag beschloss, in Mecklenburg die Reformation einzuführen. Ein geschichtsträchtiger Ort, der definitiv einen kurzen Stopp gebietet.

Den kurzen Anstieg durch Sagsdorf packen, dann bis Blankenberg rollen lassen.

EXTRA INFOS:

Die schmucke Altstadt von Sternberg lädt dazu ein, sich länger umzusehen. Die ● **Gaststätte am Markt** sorgt für kulinarisches Erlebnis mit Ausblick (www.restaurant-sternberg.de). Soll es ein Kaffee mit Seeblick sein, bietet sich das ● **Café Auszeit am See** im Hotel Dreiwasser an (www.hotel-dreiwasser.de).

Bahnhof Blankenberg

AUF EINEN BLICK

- **Start:** Bahnhof Bützow
- **Ziel:** Bahnhof Blankenberg
- **Strecke:** 46,8 km (Streckentour)
- **Reine Radelzeit:** 3 Std. bis 3 Std. 30
- **Höhenmeter:** ↗ 88 m, ↘ 68 m
- **Wegbeschaffenheit:** Am Anfang und am Ende der Tour gut asphaltierte Straßen. Auf dem Weg zum Steintanz und zur Slawenburg Feld- und Waldwege, manchmal etwas schwierig zu fahren. Im Zweifelsfall schieben.
- **Beste Zeit:** Frühling bis Herbst.
- **Mitnehmen:** Gute Schuhe, da auch mal kurze Strecken geschoben werden müssen, und guten Hunger für die Mittagspause.

EINE RUNDE BÜTZOW MIT KIRCHE UND SCHLOSS
START Bahnhof Bützow
1
Boitiner Steintanz
MIT SCHWUNG ÜBER ENDMORÄNEN
Bützow
Passin
Kellerberg 118
Trechower See
Steinhagen
Großer Rühner See
Bützower See
Kattenburg
Warnow
Oetteliner See
Langer See
Sülzpfuhl
Rühn
Torfmoor
Viersee
WOLKEN
Zepelin
Zernin
Zerniner See
Großer Peetscher See
Peetscher See
Bützow-Güstrow-Kanal
Nebel
Langer See
Gülzow
Krebssee
Dreetz
Tarnow
Großsteingrab Boitin
Boitin
Parumer See
Mussmoor
Prüzener See
Karcheezer See
Prüzen
Bülow
B 104
Dorfsee

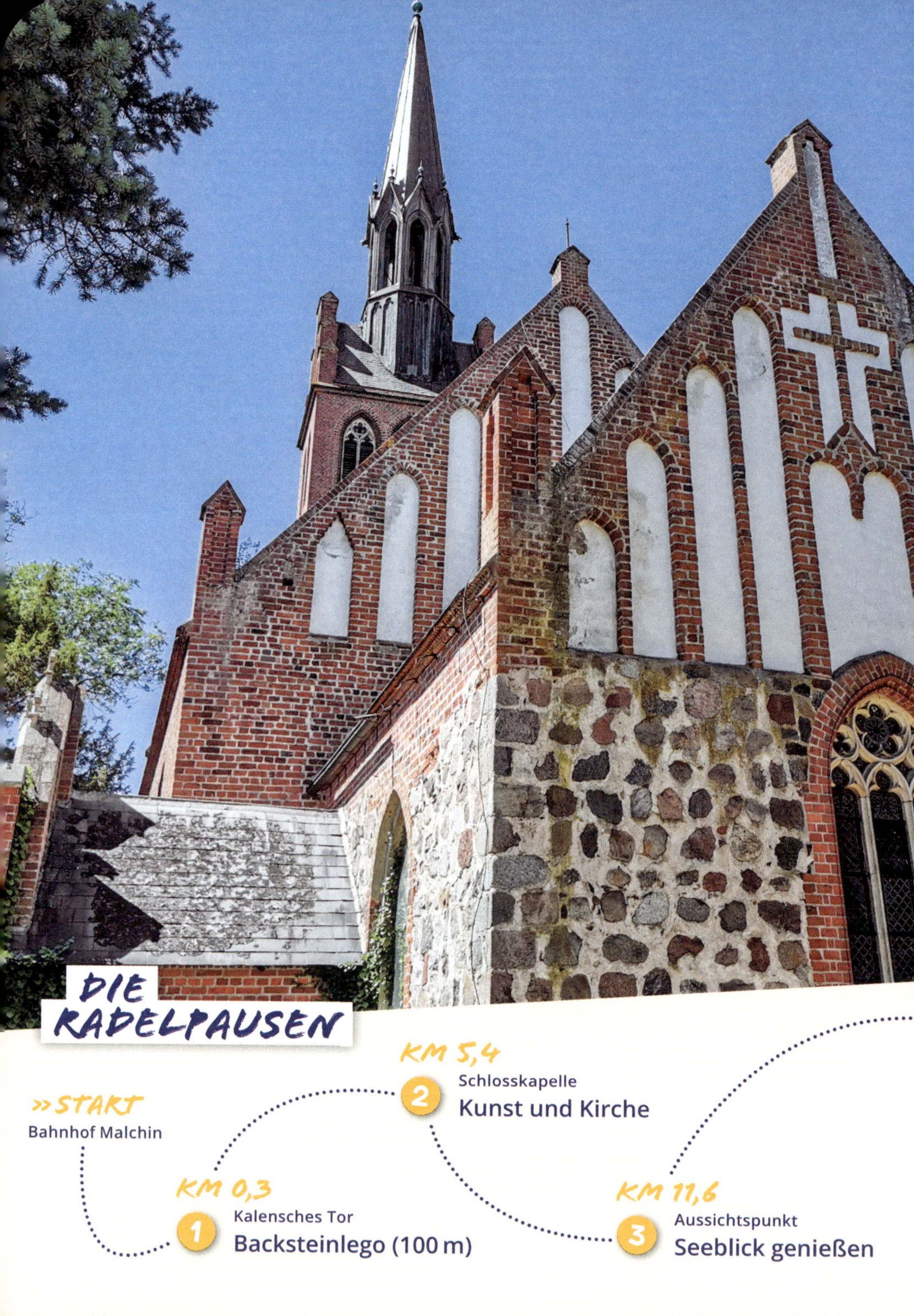
DIE RADELPAUSEN
» START
Bahnhof Malchin
KM 0,3
1
Kalensches Tor
Backsteinlego (100 m)
KM 5,4
2
Schlosskapelle
Kunst und Kirche
KM 11,6
3
Aussichtspunkt
Seeblick genießen

4 Von Stadttor zu Stadttor

Rundtour um den Malchiner See

Von Stadttor zu Stadttor, nur eben nicht direkt. Die Ausblicke auf den See sind grandios, es warten reife Pflaumen, die älteste Orgel Norddeutschlands und ein schmuckes Schloss. Und mit Malchin ein schnuckeliges Kleinstädtchen als Start- und Zielort.

ZWEI TORE, WENIG MAUER …

… dazwischen ein schnuckeliges Städtchen. Wie viel Meter sind es zwischen den Toren? Das Navi sagt: 607 Meter sind es vom **Kalenschen Tor** zum Steintor. Und wenn man nun von Tor zu Tor eine Runde um den See macht? Das ist doch einen Versuch wert, zumal der Malchiner See angeblich zu den schönsten der Seenplatte gehört. Also los!

Es beginnt mühsam, gegen den Wind, der wie fast immer hier stramm aus dem Westen kommt, an der Bundesstraße entlang. Immerhin, der Radweg ist neu gebaut und von der Straße abgetrennt. Wie lange noch? Noch zwei, noch ein Kilometer, dann endlich, in Remplin, runter von der Bundesstraße, raus aus dem Wind. Dazu noch eine **Kunstkirche** und ein einsamer Schlossturm, ein kleines Stück unbefestigte Straße und dann asphaltierter Weg. Einsam, mit reifen Pflaumenbäumen auf beiden Seiten. Kilometerlang Pflaumen, dunkellila verführerisch am Baum, zermatscht auf dem Weg. Rutschgefahr! Und ein voller Pflaumenbauch.

VERLOCKEND: MANCHMAL HÄNGEN DIE PFLAUMEN FAST BIS IN DEN LENKER HINEIN

Wo die Pflaumen aufhören, beginnt die **Fernsicht**. Ruhig liegt er, der Malchiner See, blau, mit viel Natur drumherum. Jetzt ans Wasser! Erst einmal zum Haussee, Blick aufs Schloss **Schorssow**, dann nicht der Ausschilderung über den holprigen Feldweg folgen, sondern geradeaus, bei Ziddorf den Bibern Hallo sagen, die hier ihre Zähne in die Bäume geschlagen haben.

Die sogenannte Eiszeitroute führt am Ziddorfer Mühlenbach entlang auf Löcherbeton nach Dahmen. Endlich am Seeufer! Ein Stück Straße, und dann auf einem wunderschönen Waldweg nach Basedow. Kurz in der Dorfkirche die Orgel, ein Original aus dem 17. Jahrhundert, bestaunen, Fotostopp am Schloss und Mittagessen im **Farmer Steakhouse**, das Schloss weiterhin fest im Blick.

Auch wenn das Aufstehen schwerfällt: Die letzten acht Kilometer locken noch einmal mit ruhiger Alleestraße. Kurz noch einen Blick auf den Lennépark Basedow, dann ist das **Steintor** erreicht und die Ausflugsgesellschaft damit wieder in Malchin. «

Steht einsam im Dorf:
Der Schlossturm zu Remplin

Immer eine Rast wert:
Die Seenplatte hat etliche
»Offene Kirchen«

Schloss und Gut Basedow

RADELN & GENIEßEN

Bahnhof Malchin

Vom Bahnhof rechts abbiegen, und schon steht man vor der ersten Sehenswürdigkeit!

KM 0,3

Kalensches Tor

Backsteinlego

Etwas einsam steht es da, und ziemlich verloren. Vom Bahnhof kann man es bereits sehen, man fällt förmlich aus dem Zug in das Tor. Und hat damit schon die Hauptattraktion Malchins gesehen: Es ist schon faszinierend, wie filigran das Kalensche Tor, ein eindrucksvoller gotischer Backsteinbau, gearbeitet ist, als hätte man ein Kunstwerk und keine Stadtbefestigung bauen wollen. Man fragt sich, wie wohl die Stadtmauer ausgesehen hat, war die auch aus Backsteinen mit unterschiedlichen Brauntönen? Von der Stadtbefestigung ist außer den zwei Stadttoren nicht viel übrig, der runde Grundriss der Stadt macht aber noch gut nachvollziehbar, wo die Stadtmauer einst verlief. Auf jeden Fall ein guter »Hier-bin-ich-gerade«-Fotostopp, am Wahrzeichen der Stadt.

Dem Radweg entlang der B 104 Richtung Remplin folgen.

Gleich am Bahnhof: Das Kalensche Tor

Kunstskulptur vor der Schlosskapelle Remplin

Nur die Sonne fehlt: Traumblick auf den Malchiner See

KM 5,4

2 Schlosskapelle
Kunst und Kirche

Froh ist man, endlich von der Bundesstraße runterzukommen. Noch erfreulicher, dass gleich eine Menge zu sehen ist. Nur vom Schloss nicht, das 1940 abbrannte. Übrig blieben nur der Schlossturm, der auch heute noch wie bestellt und nicht abgeholt dasteht, und die Schlosskapelle, die eine neue Existenz als Kunstkapelle feiert. Wer nicht absteigen möchte, freut sich vielleicht an den Skulpturen vor dem Gebäude, wer ein wenig Zeit und Muße mitbringt, kann sich an den wechselnden Kunstausstellung in der Kapelle erfreuen (www.kunst-kapelle.de).

Links auf die Wendischhäger Straße abbiegen, diese weiterfahren.

KM 11,6

3 Aussichtspunkt
Seeblick genießen

Angeblich gibt es am See auch noch einen Aussichtsturm. Aber wieso bergab radeln, um dann einen Turm zu besteigen, wenn die Sicht von der Anhöhe schon so schön ist? An Aussichtspunkten mit ganz viel Wasser ist die Seenplatte ja nicht arm, an kaum einem Punkt lässt sich die Weite der Mecklenburgischen Seenplatte jedoch so gut erfassen wie hier. Ruhig liegt der Malchiner See, keine Menschenseele zu sehen. Jetzt noch eine Bank und ein Tisch, und das wäre der ideale Rastplatz. Aber man kann nicht alles haben!

Den Schlösserrundweg bis nach Schorssow nehmen.

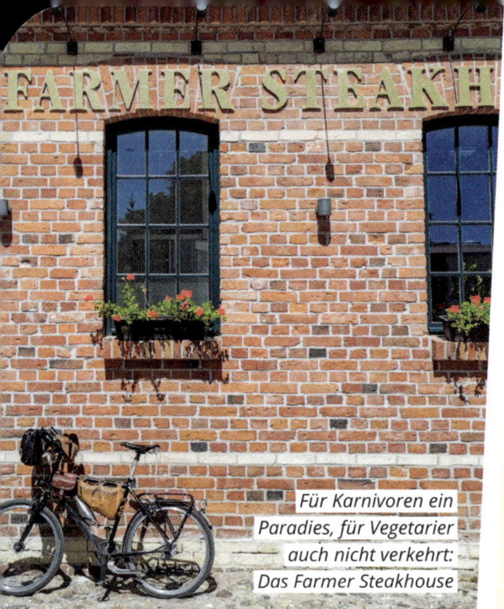

Für Karnivoren ein Paradies, für Vegetarier auch nicht verkehrt: Das Farmer Steakhouse

KM 32,8

5

Farmer Steakhouse Basedow

Mit Traumblick vespern

Schloss Schorssow kam zu früh fürs Mittagessen? Kein Problem, Schlemmen mit Schlossblick geht auch in Basedow. Und was für ein Schloss das ist! Ein verschachteltes Gebäude in Weiß und Rot, ein Teil neugotisch, ein Teil klassizistisch, und der Rest Neorenaissance. Erstaunlicherweise ergibt dies tatsächlich ein höchst anschauliches Ensemble. Und das Schöne ist: Von der Terrasse des Farmer Steakhouse hat man das Schloss stets im Blick, wenn man nicht von den ausgezeichneten Grillspezialitäten abgelenkt wird (www.farmer-steakhouse.de).

Durch den Ort fahren, dann rechts zurück auf die Eiszeitroute, dieser folgen.

KM 18,5

4

Schloss Schorssow

Rast am Schloss

Ist das Wetter schön, kann man auch in den Haussee springen, der in Schorssow eine kleine Badestelle hat. Ansonsten macht auch das Schloss Schorssow eine Menge her, ein klassizistischer Dreiflügelbau. Nach dem Zweiten Weltkrieg war hier eine Kinderkrippe untergebracht, nach Ende der DDR stand es lange Zeit leer und war vom Schwamm bedroht. Nach aufwendiger Sanierung beherbergt es heute ein Hotel. Vor diesem steht ein kleiner Pavillon mit einer gemütlichen Bank, der ideale Rastplatz. Soll es ein bisschen mehr sein? Das Hotel hat auch ein Café und ein Restaurant (www.schloss-schorssow.de).

Der Straße bis Ziddorf folgen, links und gleich wieder links auf die Eiszeitroute einbiegen.

Einladend: Das Schloss Schorssow

Am Steintor beginnt die Malchiner Altstadt

EXTRA INFOS:

Wer genug Zeit mitbringt, kann in Ziddorf auf Bibersuche gehen – immer den angeknabberten Baumstämmen nach.

Ein paar Kilometer weiter bietet der Ort Dahmen mit der ● **Gaststätte Pirna** eine weitere gute Einkehrmöglichkeit (www.ferienanlage-dahmen.de).

ZIEL FAST ERREICHT. FOTOSTOPP!

KM 41

6 Steintor in Malchin

Südlich der Altstadt

Das sieht schon eher nach Stadtbefestigung aus! Eigentlich hätte das Steintor wie der Rest der Stadtmauer Ende des 19. Jahrhunderts abgerissen werden sollen, wurde dann aber restauriert und bildet bis heute den Südeingang zur Altstadt von Malchin. Anders als sein Pendant im Norden ist es weniger verspielt und ins Häuserensemble eingebunden. Es ruft aber dennoch das schöne Gefühl hervor, angekommen zu sein. Kurzer Fotostopp, durchrollen und noch einen Blick auf die sehenswerte Altstadt von Malchin werfen.

Einmal durch die Altstadt, durch das andere Stadttor wieder hinaus, der Bahnhof liegt dann gegenüber.

KM 41,8 » ZIEL

Bahnhof Malchin

Oft geht die Fahrt über Wirtschaftswege

AUF EINEN BLICK

- **Start und Ziel:** Bahnhof Malchin
- **Strecke:** 41,8 km (Rundtour)
- **Reine Radelzeit:** 3 Std. 30 bis 4 Std.
- **Höhenmeter:** ↗ 39 m, ↘ 39 m
- **Wegbeschaffenheit:** Fast ausschließlich guter Asphalt, auch die wenigen Feldwegabschnitte sind gut zu befahren. Exzellente Ausschilderung, man kann entspannt radeln.
- **Beste Zeit:** Frühling bis Herbst.
- **Mitnehmen:** Badezeug, und im August/September eine große Tasche zum Pflaumensammeln.

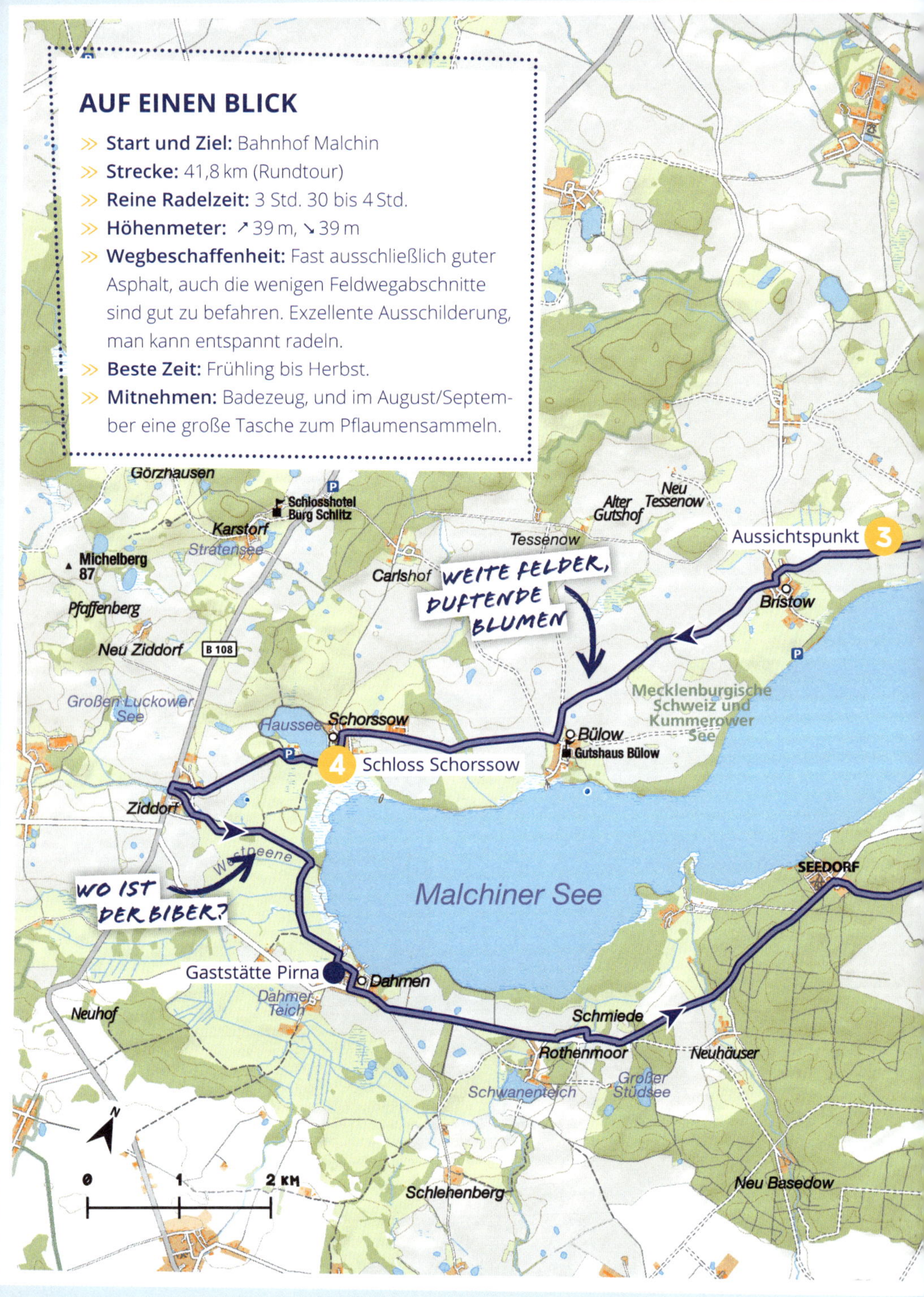

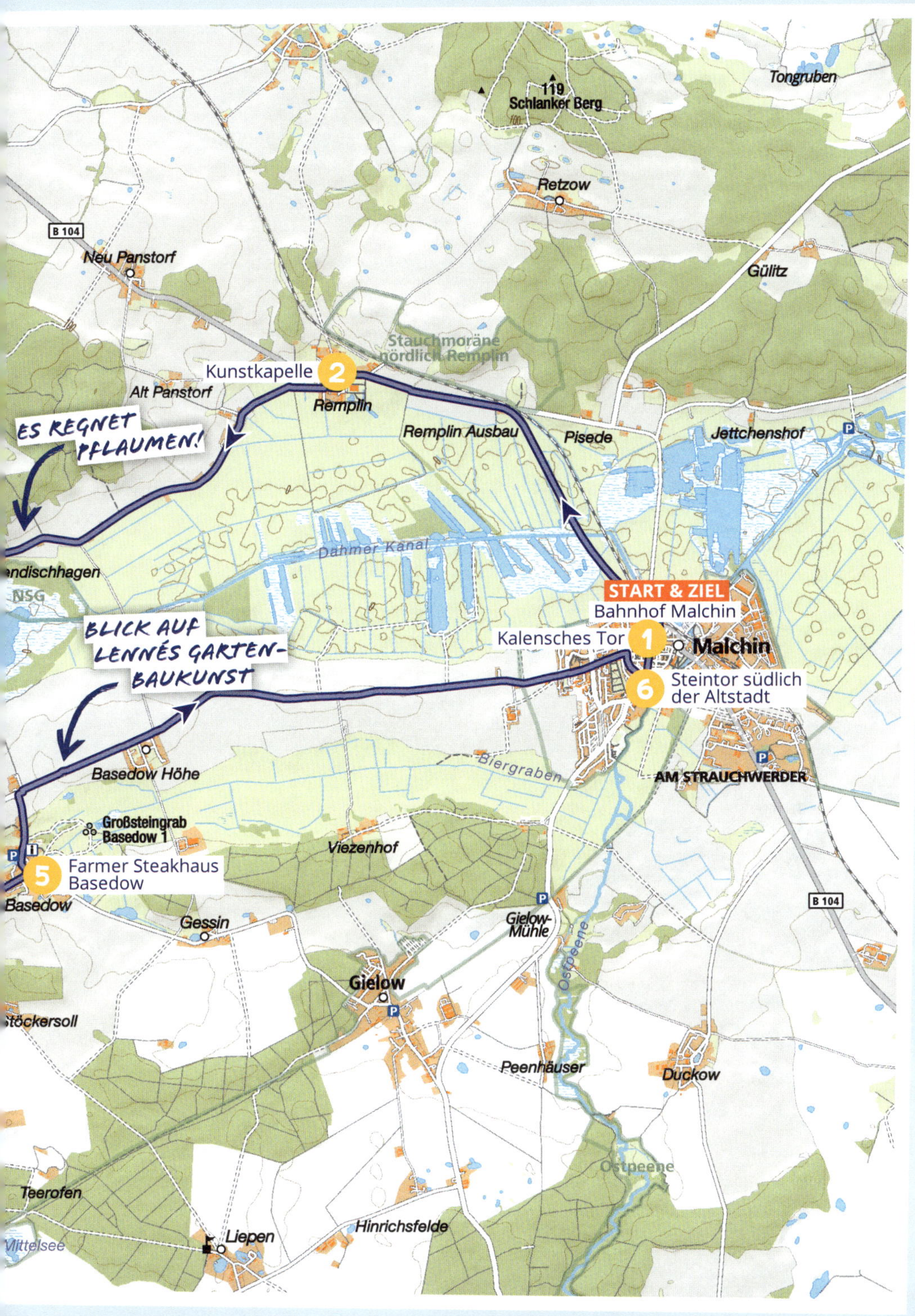

Tongruben
119
Schlanker Berg
Retzow
B 104
Neu Panstorf
Gülitz
Stauchmoräne nördlich Remplin
Kunstkapelle
2
Alt Panstorf
Remplin
Remplin Ausbau
Pisede
Jettchenshof
ES REGNET PFLAUMEN!
Dahmer Kanal
endischhagen
NSG
START & ZIEL
Bahnhof Malchin
Kalensches Tor
1
Malchin
BLICK AUF LENNÉS GARTEN-BAUKUNST
6
Steintor südlich der Altstadt
Basedow Höhe
Biergraben
AM STRAUCHWERDER
Großsteingrab Basedow 1
Viezenhof
5
Farmer Steakhaus Basedow
Basedow
B 104
Gessin
Gielow-Mühle
Ostpeene
Gielow
Stöckersoll
Peenhäuser
Duckow
Ostpeene
Teerofen
Liepen
Hinrichsfelde
Mittelsee

DIE RADELPAUSEN

» START
Bahnhof Stavenhagen

KM 1
1 Denkmal Holzschlüssel
Aufgeschlossen

KM 4,7
2 Ivenacker Eichen
Baumriesen bestaunen

KM 17
3 Schloss Sommersdorf
Strohfiguren grüßen

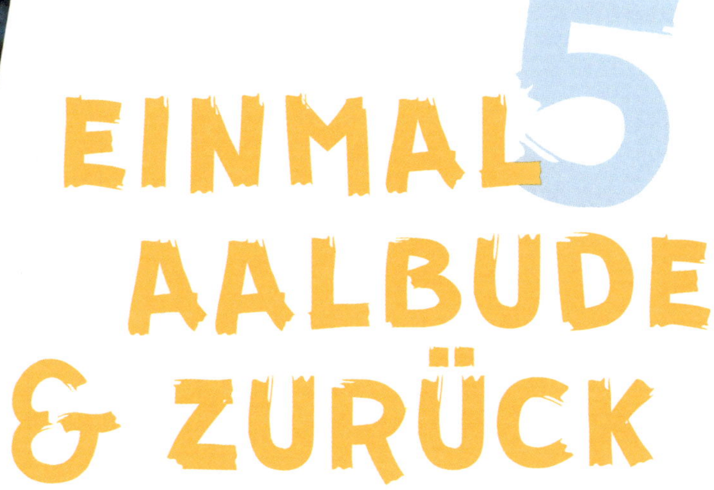

Einmal 5 Aalbude & zurück

Von Stavenhagen nach Malchin

Rund um den Kummerower See führt diese kurzweilige Tour, die für alle, die die Natur lieben, ornithologisch interessiert sind und gerne der guten Küche frönen, gleichermaßen geeignet ist. Auf dem Weg begegnet man uralten Eichen, einer Kultfähre und der einen oder anderen Kunstinstallation.

KM 26,8

4 Aalfähre
In der Sonne aalen

KM 28,5

5 Naturschutzgebiet Peenetal
Feucht und gefiedert

KM 35,9

6 Gasthaus Am Hafen
Auf einen Kaffee

KM 47,7 » ZIEL
Bahnhof Malchin

REUTERSTADT STAVENHAGEN. WELCHER REUTER?

Der ehemalige Berliner Bürgermeister? Nein, der Dichter Fritz Reuter, Mitbegründer der neueren niederdeutschen Literatur, dessen Spuren überall an der Mecklenburgischen Seenplatte anzutreffen sind. So auch in der Reuterstadt Stavenhagen, das Reuter-Denkmal hier macht aber nicht viel her.

Origineller ist die Kunstinstallation neueren Datums am Ortsausgang, ein riesiger zitronengelber **Schlüssel aus Eichenholz.** Eichen soll es hier noch mehr geben, uralte Eichen sogar. Unscheinbar ist das Holztor mit der Drehtür. Dahinter: zwei alte Eichen. War's das schon? Mitnichten, je tiefer man in den Wald bei den **Ivenacker Eichen** fährt, desto imposanter werden die Bäume. Eine Aussichtsplattform, das Kassenhäuschen, dann hat einen die Landstraße wieder.

RAD ABSTELLEN, FÜSSE HOCH UND ENTSPANNT AUF DIE PEENE BLICKEN – HERRLICH

Entlang der Strecke wächst Hopfen, nicht nur einer, nein, fast eine Hopfenallee, mit prallen Dolden, sodass man Durst kriegen könnte. Gewohnt hügelig geht es dann in Richtung **Schloss Sommersdorf**. Dort grüßen zwei überlebensgroße Strohfiguren, ein Mann und eine Frau, als landwirtschaftliche Kunst am Schloss. Richtung Verchen dann ganz viel Aussicht auf den Kummerower See.

»Fähre, Aalbude«, zeigt das Schild, das hört sich gut an. Die Fähre kommt sofort angeknattert, auf der anderen Seite lockt die Aalbude mit frischem Fisch und Blick auf die Peene. Ihre Fischmahlzeit holen sich auch die unzähligen Kraniche, Kormorane und Reiher, die man von den Türmen des **Naturschutzgebietes Peenetal** beobachten kann. Man kann sich kaum losreißen von dem Blick über die Wasserlandschaft.

Vielleicht klappt das besser mit der Aussicht auf einen Kaffee? **Am Hafen** von Neukalen wird man auf jeden Fall fündig. In Salem dann noch einmal der Blick auf den See, linker Hand eine Skulptur beim angedeuteten Sprung ins Wasser. Dann hat einen die Zivilisation in Form einer breiten Straße wieder. In direkter Linie geht es zurück nach Malchin. «

Ohne Flügel, aber trotzdem schick: Zum Wohnhaus umgebaute Mühle

Im Frühling blühen die Feld-, im Sommer die Sonnenblumen

Der Kummerower See lädt zum Baden ein

RADELN & GENIEẞEN

START

Bahnhof Stavenhagen

Vom Bahnhof in die Innenstadt, kleine Runde drehen zum Einradeln. Dann auf die Ivenacker Straße einbiegen.

KM 1

1

Denkmal Holzschlüssel

Aufgeschlossen

Auf der linken Seite ein durchaus seltsamer Anblick. Hier stand einmal das Ivenacker Tor, erzählt eine Infotafel. Und heute steht hier EU-geförderte Kunst in Form eines Holzschlüssels, 6,5 Meter hoch, ein Neigungswinkel von 80 Grad, der Schlüsselkopf stolze zwei Meter breit. Der Schlüssel zur Stadt sozusagen. Aus massiver Eiche ist der knallgelbe Schlüssel, von dem so langsam die Farbe abblättert, und man fragt sich, wie er in dieser Schieflage überhaupt stehen kann. Kunst soll ja zum Nachdenken anregen, hier ist es auf jeden Fall gelungen.

Weiter der Ivenacker Straße folgen.

Schlüssel zur Stadt?

KM 4,7

2 Ivenacker Eichen

Baumriesen bestaunen

Alte Eichen. Klingt erst einmal langweilig. Man kennt das: Da steht ein alter Baum, halb tot, eine Tafel erklärt sein Alter, das man ihm auch ansieht. Die Vorahnung bestärkt sich am Eingang der »Ivenacker Eichen«. Eine halb verwitterte Holztür und zwei alte, aber ziemlich kleine Eichen. Soll es das gewesen sein? Aber die Neugierde siegt. Ein kleiner Hügel, noch mehr Eichen, ziemlich eindrucksvoll. Je tiefer man in den Park kommt, desto größer, älter und vor allem Ehrfurcht einflößender werden die Bäume. Dann merkt man, dass man durch den Hintereingang hereingekommen ist. Durchradelnde brauchen aber keinen Eintritt zu zahlen, sagt die Frau im Kassenhäuschen am Ausgang, der eigentlich der Eingang ist.

Bis Basepohl strampeln und von dort dem ausgeschilderten Radweg Richtung Verchen folgen.

Ehrfurcht erregend: Die Ivenacker Eichen

Strohpärchen am Schloss Sommersdorf

KM 17

3 Schloss Sommersdorf

Strohfiguren grüßen

Zum Schlüssel fehlt jetzt noch das Schloss, und das findet man ein paar Kilometer weiter in Sommersdorf. Da ist allerdings mehr Sichtachse als Gebäude, die Gebäude scheinen etwas heruntergekommen, linker Hand liegt Feuerwehrequipment. Aber auf dieser Sichtachse steht etwas. Das Schloss scheint wohl beliebt bei Hochzeitsgesellschaften, denn da sind zwei riesige Strohfiguren drapiert, ein Mann und eine Frau, beide im Hochzeitsoutfit aus weißen Tischdecken. Wie oft die wohl gewechselt werden?

Sich weiter der Ausschilderung Richtung Verchen anvertrauen.

KM 26,8

4 Aalfähre

In der Sonne aalen

»Fähre, Aalbude«, lautete der Wegweiser. Kopfkino: ein kleines handbetriebenes Holzboot und eine Imbissbude mit Räucherfisch. Realität: robuste Stahlfähre mit viel Platz für Fahrräder und ein großes Restaurant mit Sonnenterrasse. Also nichts wie rüber über die Peene, und dann eine ausgiebige Mittagspause mit Blick auf Fluss und Fähre. Aal in Aspik mit Bratkartoffeln gibt es, aber auch so manch andere Leckerei aus dem Wasser und vom Feld. So falsch lag das Kopfkino nicht: Seit dem 17. Jahrhundert siedelten hier die Aalfischer in Hütten, seit Anfang des 20. Jahrhunderts erfolgte die Fährfahrt mit einem hölzernen Prahm. Geblieben ist davon nur der Name: Aalfähre.

Dem Weg ein paar Hundert Meter weiter folgen, bis ins Naturschutzgebiet.

AalBUDE?

Lange muss man auf die Fähre nicht warten

KM 28,5

5 Naturschutzgebiet Peenetal

Feucht und gefiedert

So viel Betrieb in der Luft ist selten. Das muss man sich unbedingt von weiter oben anschauen, denkt man – da bietet sich auch schon ein hölzerner Beobachtungsturm an. Nicht nur Ornithologen haben hier ihr Paradies gefunden. Die Fische am falschen Ende der Nahrungskette sehen das wahrscheinlich anders, aber was da so an Federvieh im Wasser stakst, durch die Lüfte fliegt und zuweilen einen spitzen Schrei ausstößt, ist schon eindrucksvoll. Man sieht Kormorane, Kraniche, Reiher, Störche, allerlei Gänse, Enten – und für die weitere Bestimmung muss man wohl tatsächlich Vogelkundler:in sein.

Am Ende des Rosin-Moores links abbiegen und dann den Radweg nehmen.

KM 35,9

6 Gasthaus Am Hafen

Auf einen Kaffee

Da ist sie ja wieder, die Peene. Man ist es so gewohnt, dass die Flüsse der nördlichen Mecklenburgischen Seenplatte im Süden in die Seen und im Norden wieder hinaus fließen, dass einen die Peene dann doch überrascht. Mittig fließt sie also in den Kummerower See, und dort befindet sich das kleine Örtchen Neukalen. Viel los ist am Peenehafen nicht, da dümpelt ein kleines Segelboot, daneben ist ein Holzkahn vertäut, aber das Gasthaus Am Hafen lockt mit einer Terrasse und Hafenblick. Da kann man sich definitiv noch einen Kaffee oder ein anderes Getränk gönnen (www.amhafen-neukalen.de)

Der Ausschilderung nach Malchin auf dem Radweg folgen.

EXTRA INFOS:

In Stavenhagen kann man mehr über ● **Fritz Reuter** erfahren, den legendären norddeutschen Dichter, der hier seine Heimat hatte (www.fritz-reuter-literaturmuseum.de).

KM 47,7 » ZIEL

Bahnhof Malchin

DER BLICK VON DER AUSSICHTSPLATTFORM LÄDT ZUM VERWEILEN UND STAUNEN EIN

Fischbuffet für hungrige Wasservögel

AUF EINEN BLICK

- **Start:** Bahnhof Stavenhagen
- **Ziel:** Bahnhof Malchin
- **Strecke:** 47,7 km (Streckentour)
- **Reine Radelzeit:** 3 Std.
- **Höhenmeter:** ↗92 m, ↘134 m
- **Wegbeschaffenheit:** Mit Ausnahme des Parks bei den Ivenacker Eichen ausschließlich Asphalt, meist in sehr guter Qualität. Eine absolute Genusstour.
- **Beste Zeit:** Frühling bis Herbst.
- **Mitnehmen:** Fernglas zum Vögel beobachten.

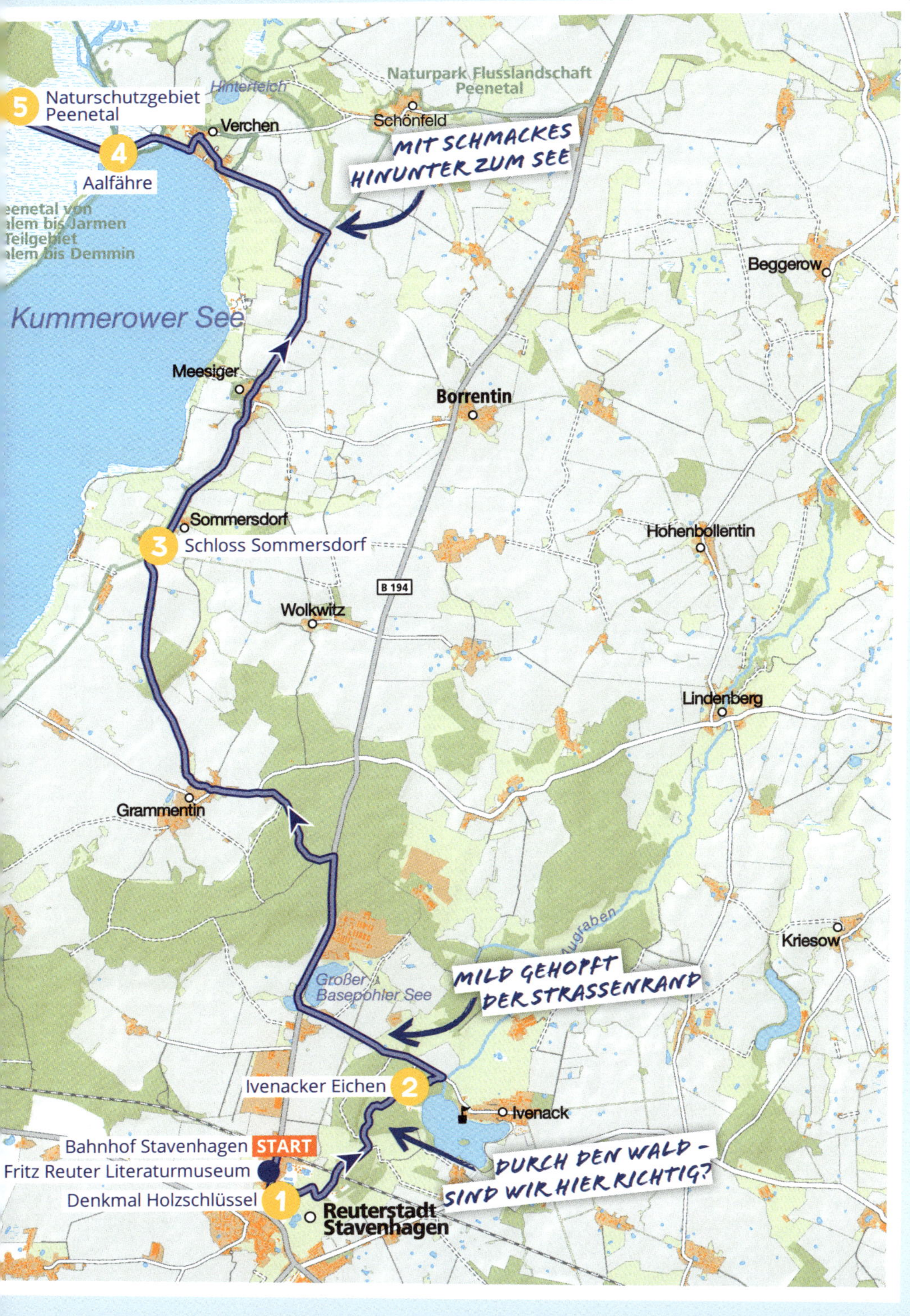

5 Naturschutzgebiet Peenetal
4 Aalfähre
Hinterteich
Verchen
Naturpark Flusslandschaft Peenetal
Schönfeld
MIT SCHMACKES HINUNTER ZUM SEE
Kummerower See
Beggerow
Meesiger
Borrentin
Sommersdorf
3 Schloss Sommersdorf
Hohenbollentin
B 194
Wolkwitz
Lindenberg
Grammentin
Augraben
Kriesow
Großer Basepohler See
MILD GEHOPFT DER STRASSENRAND
Ivenacker Eichen 2
Ivenack
Bahnhof Stavenhagen START
Fritz Reuter Literaturmuseum
Denkmal Holzschlüssel 1
Reuterstadt Stavenhagen
DURCH DEN WALD – SIND WIR HIER RICHTIG?

DIE RADELPAUSEN

>> START
Bahnhof Karow

KM 1,6
1 Eisenbahnturm Karow
Wasser marsch!

KM 17,9
2 Der kleine Fischladen
Flosse mit Aussicht

KM 24,7
3 Nebeltaldurchbruch
Klar vernebelt

6

NEBELTAL & FISCH-GENUSS

Rund um den Krakower See

Eine Rundtour um das wohl schönste Gewässer der Mecklenburger Seenplatte: den Krakower See. Märchenhafte Ausblicke, leckeres Essen und ein kleiner Fluss, der den großen See hervorbringt. Und am Start- und Zielpunkt gibt es zwei faszinierende Lost Places.

KM 29,5

4 Aussichtsturm Am alten Melkstand
Fernblick mit Reuter

KM 31,3

5 Schäferbuche
Baum am Stock

KM 44,9

6 Statue »Die Trauernde«
Kunst und Kirche

KM 45,3 » ZIEL

Bahnhof Karow

ERSTAUNLICH VIELE SCHIENEN …

… für einen Bahnhof, der nur an Wochenenden bedient wird: Karow, der ehemalige Schienenknotenpunkt. Von der glorreichen Vergangenheit zeugt noch ein riesiger **Wasserturm** auf dem Hügel oberhalb des Dorfes. Theoretisch verläuft ein ausgewiesener Radweg durch die Wälder nördlich von Karow, der Untergrund ist aber wellig und schlecht zu befahren. Dann lieber auf der Straße, die sowieso kaum Verkehr sieht. Kurz vor Krakow dann auf dem Betonplattenweg zum Krakower See. Rechts Seeblick, links ein Freiluftgehege mit Rehen.

Der Krakower See gilt ja als einer der schönsten der Mecklenburgischen Seenplatte, zumindest am Hafen von Krakow stimmt man dem zu. Eine **Fischbude** gibt es hier auch. Füße hoch, Mund auf, Genießen!

WAS GIBT ES SCHÖNERES, ALS MIT SEEBLICK DURCH DIE WEITE MECKLENBURGS ZU RADELN?

Am Nordende des Sees dann: Nebel. Kein kondensiertes Wasser, sondern der Fluss gleichen Namens, der hier idyllischer in den See fließt als der Name **Nebeltaldurchbruch** vermuten lassen würde. Die kleine Ortschaft Serrahn am Nordostufer gönnt sich eine schöne Backsteinkirche, dann geht es weiter über Wiesen und Felder den Krakower See entlang.

Reuter's Paradiesgartenblick heißt der **Aussichtsturm**, der die Schönheit des Gewässers noch einmal aus der Vogelperspektive zeigt. In den letzten Zügen liegt die eindrucksvolle **Schäferbuche**, um die der Weg einen respektvollen Bogen macht. Nun wechseln sich Wiesen und kleine Wäldchen mit ein paar kleineren Ansiedlungen ab. Immer wieder ein Ausblick auf den See. Ein paar Kilometer später grüßt noch einmal die Nebel, und schon ist man zurück auf der Straße nach Karow.

Im Kirchhof überrascht eine lebensgroße **Frauenfigur**, ein paar Radumdrehungen weiter steht der kleine Bruder des großen Wasserturmes, verwittert und überwuchert. Ein Stück über die Wiese zurück in den Ort, und dann hat man den Bahnhof erreicht. «

So mancher Sinnspruch säumt den Weg

Für viele der schönste der Seenplatte: Der Krakower See.

Die sehenswerte Backsteinkirche in Serrahn

RADELN & GENIEẞEN

Bahnhof Karow

Links in den Ort abbiegen, wieder links und dann der Straße Am Wasserturm folgen.

Relikt aus der Zeit, als hier noch Dampflokomotiven schnaubten: Einer von zwei Wassertürmen in Karow

Eisenbahnturm Karow

Wasser marsch!

Gerade aus dem kleinen Triebwagen ausgestiegen, wundert man sich über die Dimensionen des Bahnhofs Karow. So viel Aufwand für die paar Züge! Nun, Karow war vor nicht allzu langer Zeit absoluter Verkehrsknotenpunkt. Gleich drei Strecken, Güstrow-Meyenburg, Wismar-Karow und Parchim-Neustrelitz kreuzten sich hier. Bis zur Wende fuhren hier noch mehr als 70 Züge täglich, heute kommen nur noch ein paar an den Wochenenden im Sommer. An die Dampflok-Ära erinnern noch zwei Wassertürme, von denen einer sich hinter dichter Vegetation versteckt, der andere jedoch stolz und wie aus der Landschaft gewachsen auf einem kleinen Hügel thront. Der kleine Umweg lohnt, auch für den Blick auf Karow.

Zurück auf die Hauptstraße fahren, dieser nach Norden folgen.

Noch ein Fischladen! Einer der besten

KM 17,9

2 Der kleine Fischladen

Flosse mit Aussicht

Fischbrötchen! Die Seenplatte hat wohl weltweit die größte Dichte an Fischbuden, jedenfalls fühlt es sich so an. Warum auch nicht? Einen großen Räucheraal wird man sich wohl eher nicht in die Lenkertasche legen, aber ein Fischbrötchen geht eigentlich immer. Und man hat nicht nur die schnöde Auswahl zwischen Matjes und Bismarckhering. Die gibt es auch, aber warum soll es nicht ein frischer lokaler Fang sein? Flussbarsch zum Beispiel. Oder eine Kleine Maräne. Auch der Zander ist zu empfehlen. In Krakow steht die Fischbude direkt am Hafen, daneben laden Sitzbänke zum Entspannen ein. Der Blick von hier über den Krakower See gehört zu den schönsten. Wer keinen Fisch mag: Neben dem kleinen Fischladen kocht das Steakhaus brasilianisch (www.mueritzfischer.de/fischerhoefe/dathuedenhus).

Am See entlang Richtung Norden fahren.

KM 24,7

Nebeltaldurchbruch

Klar vernebelt

Ein Fluss, der einen direkt in die Wortspielhölle bringt: Die Nebel heißt tatsächlich so und ist entgegen ihres Namens ein ziemlich klarer Fluss, der sich träge 60 Kilometer durch die Seenplatte schlängelt. Sie gilt als einer der artenreichsten Flüsse Norddeutschlands, 29 verschiedene Fischarten wurden hier nachgewiesen, darunter so schmackhafte Genossen wie Flussbarsch, Steinbeißer und Aal. Es lohnt, kurz abzusteigen und von der Brücke auf die Nebel zu schauen, irgendein Fisch ist immer zu sehen, manchmal auch ein Eisvogel. Nur der Name Nebeltaldurchbruch, an dessen Ende sich die Brücke befindet, irritiert ein wenig. Das hat man sich gewaltiger vorgestellt. Aber lieblich kann ja auch ganz nett sein.

Weiter im Uhrzeigersinn um den See strampeln.

Abstecher gefällig?

Baum auf Gnadenbrot: Die Schäferbuche

KM 31,3

5

Schäferbuche

Baum am Stock

Was für eine imposante Erscheinung! Gut 200 Jahre ist die Schäferbuche alt und gilt mit einem Stammumfang von acht Metern als die dickste Buche in Mecklenburg-Vorpommern. Doch der Eindruck täuscht, die Buche ist vom Pilz befallen und stirbt. Deswegen: respektvoll Abstand halten, nicht aus Pietät, sondern weil der Baum nicht mehr sicher ist. Ungewöhnlich, dass man den Baum nicht nur stehen lässt, sondern den Weg extra ein Stück verlegt hat, um ihn zu schützen. Auf jeden Fall ein eindrucksvolles Naturdenkmal. Helm ab für eine Gedenkminute.

Weiter um den See radeln, an der Hauptstraße links abbiegen.

KM 29,5

Aussichtsturm Am alten Melkstand

Fernblick mit Reuter

Bis 1969 wurde hier noch die Kühe gemolken, heute steht »Am alten Melkstand« Reuter's Paradiesgartenblick, ein 2010 eingeweihter Aussichtsturm. Da kann man mal ein paar andere Muskeln trainieren, es geht recht steil hoch nach oben. Den Blick aufs Paradies hat man sich anders vorgestellt, schön ist es aber trotzdem. Felder auf gewellter Landschaft, wohin das Auge blickt, und dahinter der Krakower Obersee. Für den norddeutschen Dichter Fritz Reuter war dies das Paradies, für uns ist es ein schöner Ort, um Picknick zu machen. Vielleicht ist ja doch ein Räucheraal in der Lenkertasche? Unterhalb des Aussichtturms befinden sich ein Tisch und zwei Bänke.

Der Straße folgen, im Zweifel rechts halten.

Kühe gibt es keine, aber einen traumhaften Ausblick!

Skulptur »Die Trauernde« an der Kirche Karow

KM 44,9

6 Statue »Die Trauernde«

Kunst und Kirche

Dorfkirchen sind ja immer spannend. Man steigt ab, schließt das Rad ab, und plötzlich steht da Kunst! Genauer gesagt die Statue einer kauernden Frau, die das Gesicht auf die rechte Hand stützt. Der Name ist nicht schwer zu erraten: Das Denkmal heißt »Die Trauernde«. Kriegerdenkmal, vermutet man jetzt, schließlich stehen davon in Mecklenburg eine Menge. Ausnahmsweise einmal nicht. Die Trauernde ist ein Werk des Plauener Bildhauers Wilhelm Wandschneider und stand ursprünglich vor einem Familienmausoleum im Ort. Eine neue Heimat fand die Statue vor der Trauerhalle des Kirchfriedhofes. Dort sitzt sie jetzt einsam und verlassen – was den Eindruck der Trauer noch verstärkt. Gerne leistet man ihr ein paar Minuten Gesellschaft und blickt auf die schöne Backsteinkirche aus dem 15. Jahrhundert.

Kleinen Schlenker machen zum verwunschenen Wasserturm, dann im Bogen zurück zur Hauptstraße fahren.

EXTRA INFOS:

Wem Backsteinkirchen gefallen, sollte einen kurzen Besichtigungsstopp an der ● **Serrahner Kirche** einplanen.

Wer keinen Fisch, aber saftiges Steak mag, kommt im ● **Steakhouse Rio Grande** an der Uferpromenade in Krakow auf seine Kosten (www.steakhaus-rio-grande.eatbu.com).

Ein schöner Abstecher wäre die (nicht asphaltierte) Route durch das Nebeldurchbruchstal zur **Wassermühle Kuchelmiß** (2,5 km einfach). Hier gibt es von Frühling bis Herbst am Wochenende auch Kaffee und Kuchen (www.wassermuehle-nebeltal.de).

KM 45,3 » ZIEL

Bahnhof Karow

Manchmal rumpelt es auch ein wenig – Spaß macht es trotzdem!

PARADIESWEG (SAGEN DIE EINHEIMISCHEN)
3 Nebeltaldurchbruch
Serrahner Kirche
WIE WÄRE ES MIT EINER BACKSTEINKIRCHE?
2 Der kleine Fischladen
Rio Grande Steakhouse
4 Aussichtsturm Am alten Melkstand
WO IST DER ASPHALT GEBLIEBEN?
5 Schäferbuche
TSCHÜSS, LIEBE NEBEL!
BLICK AUF DEN KRAKOWER SEE
Groß Tessin
Ahrenshäger See
NSG
Windfang
Alte Försterei
Serrahn
Serrahn Hof
Seegrube
Serrahner See
Cossensee
Karower See
Mecklenburgische Schweiz und Kummerower See
Vorderschwanten
Grimmsee
Alt Sammit
Krakow am See
Groß Bäbelin
Derliener See
Alter Dorfsee
Möllener See
Neu Dobbin
Langsee
Möllen
A 19
Schwarzer See
Glambecksee
Krakower See
Neu Sammit
Dobbin
Nebel
Krummer See
Walkmöhl
Bossow
Linstow
Bossower See
Krakower Obersee

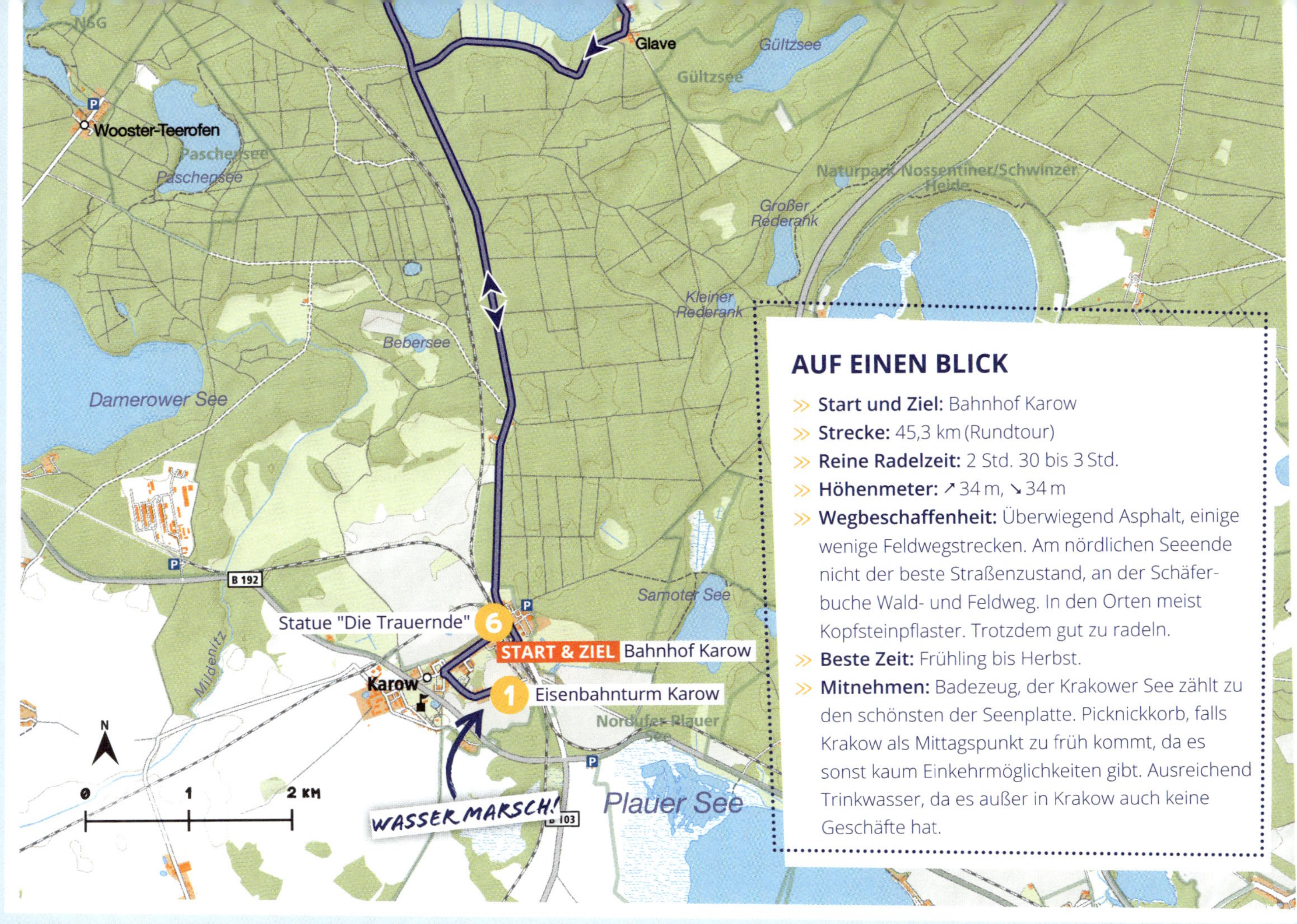

AUF EINEN BLICK

» **Start und Ziel:** Bahnhof Karow

» **Strecke:** 45,3 km (Rundtour)

» **Reine Radelzeit:** 2 Std. 30 bis 3 Std.

» **Höhenmeter:** ↗ 34 m, ↘ 34 m

» **Wegbeschaffenheit:** Überwiegend Asphalt, einige wenige Feldwegstrecken. Am nördlichen Seeende nicht der beste Straßenzustand, an der Schäferbuche Wald- und Feldweg. In den Orten meist Kopfsteinpflaster. Trotzdem gut zu radeln.

» **Beste Zeit:** Frühling bis Herbst.

» **Mitnehmen:** Badezeug, der Krakower See zählt zu den schönsten der Seenplatte. Picknickkorb, falls Krakow als Mittagspunkt zu früh kommt, da es sonst kaum Einkehrmöglichkeiten gibt. Ausreichend Trinkwasser, da es außer in Krakow auch keine Geschäfte hat.

DIE RADELPAUSEN

>> START
Bahnhof Plau am See

KM 1,2
1 Restaurant Fackelgarten
Schiffe schauen beim Essen

KM 12
2 Kirche Kuppentin
Auf Holz klopfen

KM 14,6
3 An der Elde
Voll den Kanal haben

7

DAS HERZ DER SEEN-PLATTE

Am Müritz-Elde-Kanal entlang von Plau nach Lübz

Für Orte wie Plau ist das Wort idyllisch erfunden worden. Und Idylle ist das Motto dieser entspannten Radtour. Sie führt meist auf Feldwegen den Kanal entlang, es gibt viel zu sehen und zu entdecken. Schon einmal einen lebenden Strauß gesehen?

KM 18,5

4 Wasserkraftwerk Bobzin
Schleuse ahoi!

KM 22,5

5 Straußenfarm Riederfelde
Ungewöhnliches Federvieh

KM 26

6 Privatbrauerei Lübz
Sag zum Abschied leise Prost

KM 27,6 » ZIEL

Bahnhof Lübz

IRGENDWANN ...

... muss es dann auch mal losgehen. Dabei sitzt es sich so gut im **Fackelgarten** an der Plauer Hebebrücke, die Sonne scheint, das Getränk ist kühl und das Essen gut. Und Leute schauen macht immer Spaß.

Radfahren aber auch! Also los, kurz raus aus der Stadt, über die Bimmelbahnstrecke und dann kerzengerade durch die Landschaft. Wer denkt, dass Norddeutschland flach ist, wird auf dem Weg aus Plau hinaus eines Besseren belehrt. Wenn man aber erst einmal oben ist, dann ist es tatsächlich eben und rollt gut. Kurzer Blick zurück auf Plau: kaum ein Baum, weite Felder und ganz viel Wasser. Nur die Elde, die ist nicht zu sehen, dabei heißt die Strecke Eldetalrundweg.

EINFACH LAUFEN LASSEN: IN SCHUSSFAHRT GEHT'S AUS DEM WALD ZUR SCHLEUSE

Nun gut, erst einmal ein wenig Kultur. »Der Besuch lohnt sich«, steht auf dem Erklärschild der **Kirche Kuppentin**. Der Blick von außen allemal: ein wilder Stilmix aus Backstein und Holz.

Aber wo ist denn jetzt die Elde? Einen Kilometer weiter! Und die Geduld hat sich gelohnt. Schattig geht die Fahrt an der **Müritz-Elde-Wasserstraße** entlang, die Ufer Feuchtbiotop, der Weg nicht asphaltiert, aber leidlich gut zu radeln. Ab und zu ein kleines Ferienhäuschen, ein Bootssteg, von dem man am liebsten gleich ins Wasser springen möchte, eine Bank fürs Picknick und dann – ist sie wieder weg, die Elde. Aber nicht für lange.

Ein kleiner Schlenker durch den Wald, eine herausfordernde kurze Steigung und dann Schussfahrt bis zur **Schleuse Bobzin**. Jetzt eine kleine Stärkung! Bis zur **Straußenfarm** geht es aber erst einmal mächtig nach oben über den Hügel und dann entspannt bergab bis zur Straße nach Lübz. Die Hälfte der Straußensalami wird gleich vervespert, die andere kommt in die Tasche für später. Als Grundlage für den letzten Programmpunkt.

Wenn die Mecklenburger auf eins stolz sind, dann ist es das Lübzer Pils. Die **Brauerei** befindet sich – nomen est omen – in Lübz und kann besichtigt werden. Wenn das nicht ein krönender Abschluss ist. «

Rosswechsel gefällig?

Kirche Kuppentin

Radelpause an der Plauer Brücke

RADELN & GENIEẞEN

Bahnhof Plau am See

Rollen lassen! Vom Bahnhof eine Schussfahrt bis in die Ortsmitte machen.

Beliebtes Fotomotiv: Die Plauer Hubbrücke

KM 1,2

1 **Restaurant Fackelgarten**

Schiffe schauen beim Essen

Man hat die Qual der Wahl: rechts ins Flair Café oder links in den Fackelgarten? Einen Tacken einladender sieht der Fackelgarten aus, man sitzt hier direkt am Wasser und kann sich das muntere Treiben anschauen. Da tuckert so einiges durch den Kanal, kleine Seelenverkäufer, große Jachten, das eine oder andere Ruderboot. Hebt sich die nahe Hubbrücke, ist großes Halali. Da könnte man fast das Essen vergessen. Sollte man aber nicht, weil es tatsächlich richtig gut ist. Ein Platz zum Genießen (www.fackelgarten.de).

Leider muss man den Berg wieder hoch. Am Burgmuseum vorbeifahren, die Lange Straße und die Bahnstrecke kreuzen, dann immer geradeaus.

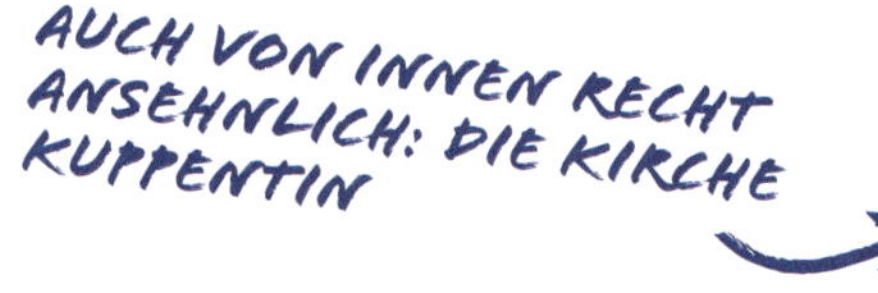

Eigenwilliger Stilmix: Die Kirche Kuppentin

Hausboote am Eldekanal

KM 12

2 Kirche Kuppentin
Auf Holz klopfen

Was für ein Gebäude! Da passt irgendwie gar nichts zusammen, als Gesamtpaket sieht es dann aber doch recht gut aus. Man merkt der Kirche Kuppentin an, dass die einzelnen Gebäudeteile zu verschiedenen Epochen gebaut wurden. Das Kirchenschiff stammt aus dem Jahre 1235, der Chorraum wurde im 15., der hölzerne Kirchturm im 16. Jahrhundert angebaut. Vor allem an die Verbindung von Stein- und Holzbauweise muss man sich erst einmal gewöhnen. Auf jeden Fall eine willkommene Abwechslung zur ewigen Backsteingotik in Mecklenburg-Vorpommern (www.woosten.de).

Ein kurzes Stück Richtung Süden zur Kanalbrücke in die Pedale treten.

KM 14,6

3 An der Elde
Voll den Kanal haben

Vor lauter Naturromantik vergisst man ganz, dass die vielen kleinen Flüsse, Kanäle und die Seen der Mecklenburgischen Seenplatte auch Wasserstraßen sind. Besonders wichtig ist hier das Flüsschen Elde, dem man gar nicht ansieht, dass es der mit 208 Kilometern längste Fluss Mecklenburgs ist. Das liegt wohl daran, dass er sich die meiste Zeit in großen Seen versteckt, von der Müritz über den Kölpin- bis zum Plauer See. Der Name Elde kommt von fließen, und das kann man hier, am Eldekanal, so gar nicht nachvollziehen. Das Einzige, was sich hier bewegt, sind ein paar Wasservögel und ganz selten ein kleines Bötchen. Stille und Natur pur zum Genießen. Einer der schönsten Wasserradwege der Seenplatte!

Immer am Kanal entlang, dann dem Holzschild »Schleuse Bobzin« folgen.

Geduld muss man mitbringen als Kapitän an der Schleuse Bobzin

KM 22,5

5

Straußenfarm Riederfelde

Ungewöhnliches Federvieh

Das hat man nun gar nicht erwartet – eine Straußenfarm in Mecklenburg! Dabei gibt es tatsächlich ein halbes Dutzend solcher Farmen, in denen man den afrikanischen Vogel bewundern – und auch einmal kosten – kann. Die Straußenfarm Riederfelde hat ein großes Freigehege und einen kleinen Hofladen. Neben Straußensalami und -schinken wird hier auch allerlei Straußennippes angeboten. Wie wäre es mit einer Lampe aus einem Straußenei oder einer schicken Straußenlederhandtasche? Sehr außergewöhnlich: der Eierlikör aus Straußeneiern. Slogan: Der Eierlikör, den nicht nur Frauen mögen. Nun denn … (www.straussenfarm-riederfelde.net)

Immer die B 191 entlang bis Lübz, dann dem Wegweiser zur Brauerei folgen.

KM 18,5

4

Wasserkraftwerk Bobzin

Schleuse ahoi!

Schleuse und Wasserkraftwerk in einem, wenn das nicht mal praktisch ist! Dazu eine Brücke, an der man sein Rad anlehnen und dann die Ausflügler mit ihren schicken Kähnen beobachten kann. Das Wasserkraftwerk wurde bereits 1925 gebaut und liefert bis heute Strom in das drei Kilometer entfernte Lübz. Auch die Schleuse ist eindrucksvoll und hat mit 6,80 Metern den höchsten Hub in Mecklenburg. Lust auf mehr? Im Wasserkraftwerk gibt es auch einige Gastzimmer. Vielleicht macht es ja auch Spaß, mal auf das Kanu umzusteigen? (www.wasserkraftwerk-bobzin.de)

Nicht direkt nach Lübz, sondern im großen Bogen Richtung B 191 fahren.

Zur Abwechslung mal Strauß auf dem Teller!

Nicht zu übersehen: Hier wird das berühmte Lübzer Pils gebraut

KM 26,1

6 Privatbrauerei Lübz
Sag zum Abschied leise Prost

KM 27,6 » ZIEL
Bahnhof Lübz

Kaum etwas ist schöner, als nach einer Sommerradtour ein kühles Helles zu zischen. Biergärten gibt es ja eine Menge an der Mecklenburgischen Seenplatte. Und immer bekommt man das Lübzer ausgeschenkt, da lassen die Mecklenburger nichts drauf kommen. Ohne zu viel Werbung machen zu wollen: Ein Bier, das von einer der wenigen verbliebenen Privatbrauereien Norddeutschlands gebraut wird, muss man einfach unterstützen. Bei der Besichtigung der Brauerei Lübz kommen allerdings auch Nicht-Biertrinker auf ihre Kosten. Und vielleicht auch in Versuchung. Anmeldung empfohlen, sonst einfach spontan an der Pforte fragen. Prost!

Zurück auf die B 191, zweite Abfahrt links nehmen, dann gleich wieder rechts abbiegen.

EXTRA INFOS:

Eine Runde durch Lübz empfiehlt sich vor der Brauereibesichtigung. Vielleicht zur Abwechslung mal mexikanisch essen? Im ● **Papazitos Lübz** gut möglich! (www.papazitos-luebz.de).

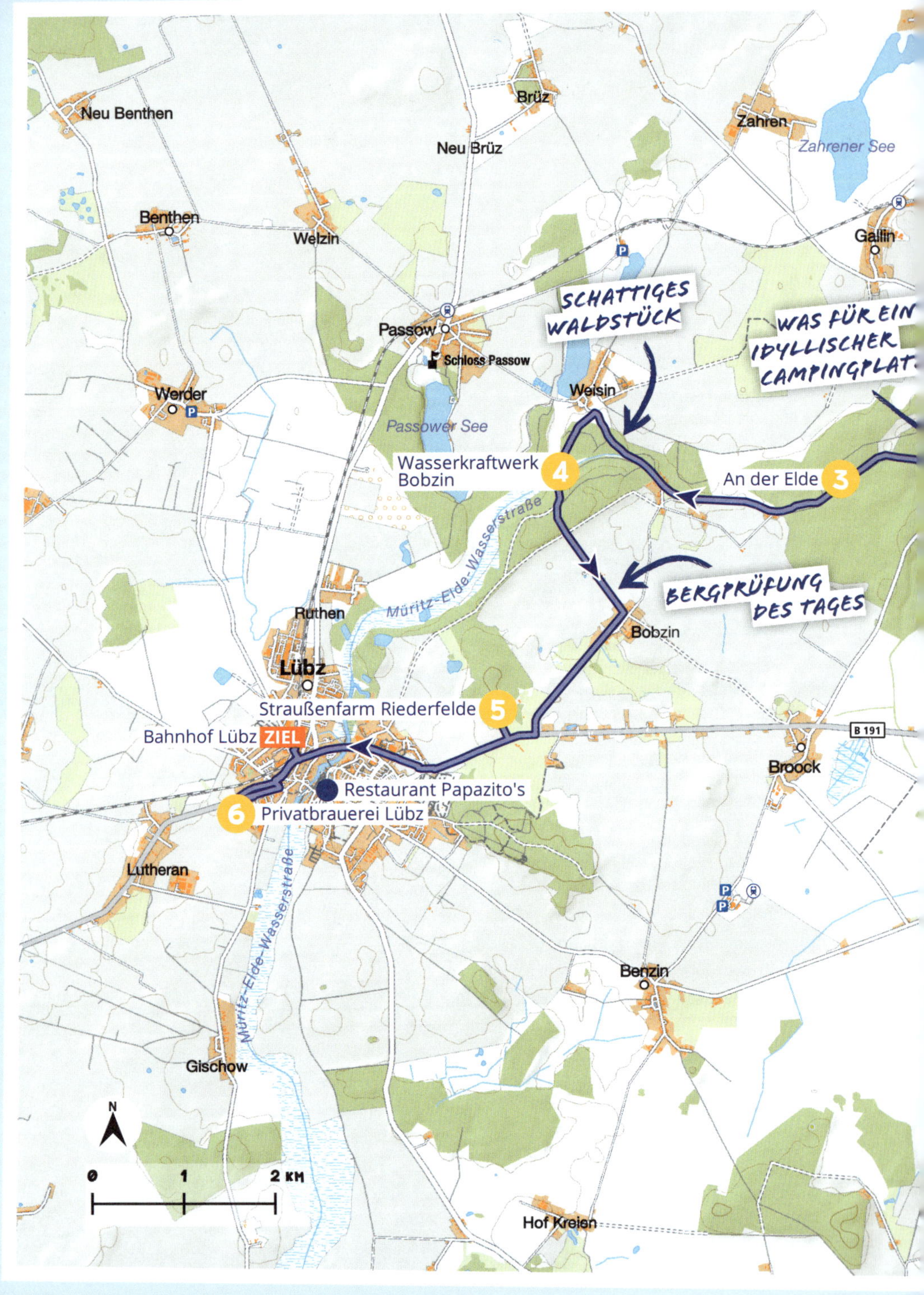

Neu Benthen
Brüz
Neu Brüz
Zahren
Zahrener See
Benthen
Welzin
Gallin
Schattiges Waldstück
Passow
Schloss Passow
Was für ein idyllischer Campingplat
Werder
Weisin
Passower See
Wasserkraftwerk Bobzin
4
An der Elde
3
Müritz-Elde-Wasserstraße
Bergprüfung des Tages
Ruthen
Bobzin
Lübz
Straußenfarm Riederfelde
5
Bahnhof Lübz ZIEL
B 191
Brook
Restaurant Papazito's
6
Privatbrauerei Lübz
Lutheran
Müritz-Elde-Wasserstraße
Benzin
Gischow
N
0
1
2 km
Hof Kreien

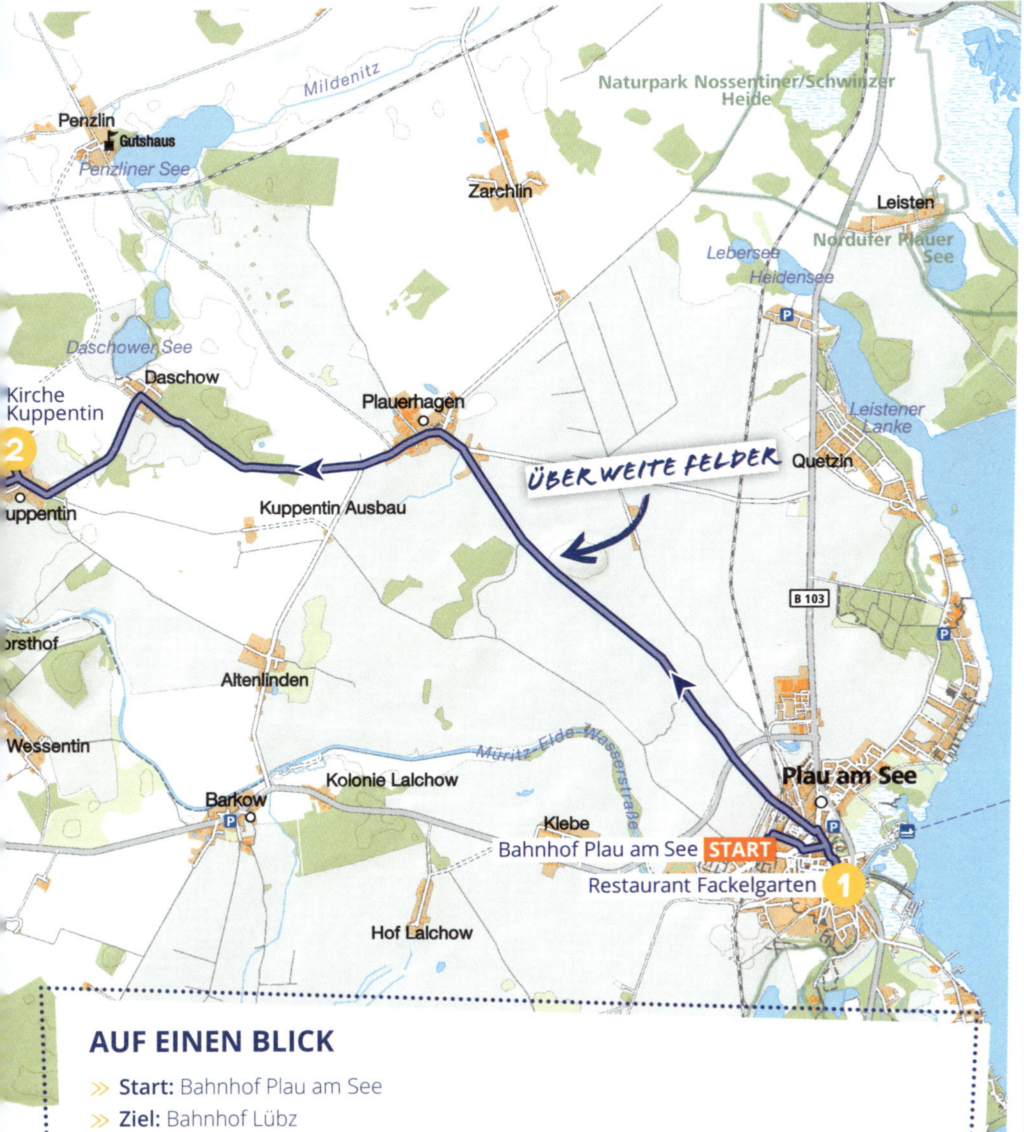

AUF EINEN BLICK

- **Start:** Bahnhof Plau am See
- **Ziel:** Bahnhof Lübz
- **Strecke:** 27,6 km (Streckentour)
- **Reine Radelzeit:** 2 Std.
- **Höhenmeter:** ↗ 60 m, ↘ 70 m
- **Wegbeschaffenheit:** Etwa die Hälfte Asphalt, der Rest Wald- und Feldweg. Am Kanal entlang kann es ab und zu ein wenig holprig werden.
- **Beste Zeit:** Frühling bis Herbst.
- **Mitnehmen:** Proviant, es gibt keinerlei Einkehr- oder Einkaufsmöglichkeiten entlang der Strecke. (Es sei denn, es soll eine Straußensalami sein.)

DIE RADELPAUSEN

» START
Bahnhof Plau am See

KM 1,1

1 Die Plauer Hubbrücke
Technik bewundern

KM 7,5

2 Im Zauberwald
Buchen suchen

KM 11,7

3 Campingplatz Stuer
Radlertreff

8 ZAUBERWALD & INSELSTADT

Von Plau nach Malchow

Eine entspannte Radtour um den südlichen Plauer See, selten geradelt, aber umso schöner. Viele lauschige Waldwege durch dichten Buchenwald, und mit Plau und Malchow zwei der schönsten Städte der Seenplatte.

KM 12

4 Tal der Eisvögel
Buntes Gefieder erspähen

KM 26,9

5 Blick auf Malchow
Postkartenansicht

KM 27,8

6 Klosterklause Malchow
Fleischeslust

KM 29,8 » ZIEL
Bahnhof Malchow

DAS IST ES ALSO …

… das Herz der Mecklenburgischen Seenplatte. Jedenfalls wird das immer behauptet. Und ja: Hier scheint sie zu pochen, die Seenplatte. An der berühmten **Hebebrücke**, dort, wo die Elde in den Plauer See fließt. Ein Nadelöhr, durch das sich, immer wenn die Brücke sich hebt, eine Prozession von Booten schiebt. Kleine Segelboote, große Yachten, sodass man Angst haben muss, dass sie stecken bleiben, und zuweilen auch ein paar Ruderer mit rhythmischer Paddelbewegung.

HERRLICH, WENN SICH DIE LUNGE SO RICHTIG MIT SEE- UND WALDLUFT FÜLLT

Wuselig ist es hier im Ortskern, und das bleibt auch so ein paar Kilometer weiter, dort, wo die Badenden in den Plauer See springen. Danach: Stille. Im **Zauberwald** nur das Geräusch von Fahrradreifen auf Waldboden. Und selbst das scheint gedämpft. Hier wächst zur Abwechslung mal ein Mischwald, nicht nur Buchen. So geht das eine Weile in Sichtweite des Sees, auf Waldwegen, ohne dass man eine Menschenseele sehen würde.

Der **Campingplatz Stuer** kommt dann fast überraschend und wie gerufen, denn hier gibt es Fischbrötchen, Bratwurst und kühle Getränke. Bis kurz vor Malchow der einzige Verpflegungsstopp. Nach rechts zweigt ein unscheinbarer Weg ins **Tal der Eisvögel** ab. Erfordert ein wenig Geschick beim Fahren, hat aber auch etwas Meditatives. Und tatsächlich, da fliegt ein Eisvogel!

Die Straße am Ende des Tales wirkt wie aus einer anderen Welt. Ist aber frisch geteert und fast autofrei. Nach so viel Waldweg das absolute Glücksgefühl, einfach mal rollen zu lassen. Der Schwung reicht zumeist auch für die leichten Gegensteigungen.

Dann **Malchow** sehen: Was für ein Anblick! Der Weg durch den Hof des Klosters Malchow rumpelt ein wenig, das Rad muss ein paar Treppen getragen werden, dann ist der Petersdorfer See erreicht. Inselstadt nennt sich Malchow offiziell. Es liegt auf einer kleinen Landzunge zwischen Petersdorfer und Malchower See: Postkartenidyll. Jetzt noch ein Restaurant mit Außenterrasse, die **Klosterklause Malchow**. Veganer werden sich am Pulled Mushroom Burger und dem Gurkensalat nach Hausrezept freuen, für Karnivoren ist die Klosterklause die ultimative Adresse.

Und was ist mit Eva?

Skulpturen am Wegesrand in Bad Stuer

Plauer See

RADELN & GENIEßEN

Singletrail mit Genussfaktor

START

Bahnhof Plau am See

Bergab direkt vom Bahnhof zum Hafen fahren, da wartet schon der allererste Stopp, den man sich nicht entgehen lassen sollte.

Die Plauer Hubbrücke

Technik bewundern

Ein lautes Schrillen. Ein paar Menschen hüpfen eilig von der Brücke. Natürlich nicht ins Wasser, sondern ans rettende Ufer. Denn hier hebt sich gleich der Boden. Die Plauer Hubbrücke ist eine von vielen ihrer Art auf der Seenplatte, aber die wohl bekannteste. Noch ein Schrillen, und dann beginnt das Schauspiel, von vielen Kamera-Objektiven dokumentiert. 1916 wurde die Brücke eingeweiht, die Hubhöhe ist mit bis zu 1,86 Metern die höchste in Mecklenburg-Vorpommern. Jetzt beginnt sie, die Prozession der Boote, immer ein paar Dutzend am Stück, damit die Brücke nicht ständig hoch- und runtergefahren werden muss. Ein finales Schrillen, und dann ist wieder Vorfahrt für alle zu Fuß und zu Rad. Zeit, aufzusatteln.

Nicht über die Brücke, sondern in die entgegengesetzte Richtung den See entlangradeln.

KM 7,5

2 Im Zauberwald
Buchen suchen

Absteigen. Einatmen. Ausatmen. Buchen suchen ihresgleichen, während Eichen eher Einzelgänger sind. Und Angst vor Nähe habe die Buchen anscheinend auch nicht. Hier stehen sie dicht beieinander, in Reih und Glied, nur ab und zu ragt ein Stamm in den Weg, oder eine ältere Buche lehnt sich an den Nachbarn. Und auch ein paar Nicht-Buchen haben hier eine Heimat gefunden. Es wäre einfach zu schade, hier nur durchzubrausen. Waldbaden ist ja ein neuer Wellnesstrend, hier ergibt das Sinn, einfach einmal ein Stück zu schieben und die Gedanken frei fliegen zu lassen. Selbst die Mountainbiker scheinen hier langsamer zu fahren.

Weiter auf dem Waldweg den See entlangstrampeln.

Richtige Fahrradständer gibt es auch!

KM 11,7

3 Campingplatz Stuer
Radlertreff

Der Campingplatz Stuer taucht ebenso wie der gleichnamige Ort einer Fata Morgana gleich überraschend aus dem Buchenwald auf. So viel Zivilisation hätte man gar nicht erwartet. Hängen da ein paar Räder am Baum? Einen Moment zögert man, ob man es hier gut mit dem Drahtesel meint, dann wird man aber explizit eingeladen, Pause zu machen. Das klingt gut, für einen Kaffee und ein Stück Kuchen ist immer Zeit. Da kommt dann nichts mehr bis Zislow, ist die Auskunft. Das sind zwar nur ein paar wenige Kilometer, aber was soll's. (www.campingplatzbadstuer.de)

Einmal um die Ecke biegen und dann rechts den Singletrail nehmen.

Das Herz der Seenplatte: Die Plauer Hubbrücke

KM 12

4 Tal der Eisvögel

Buntes Gefieder erspähen

Tal der Eisvögel, das klingt gut! Erst schreckt der Singletrail ein wenig ab, aber die Aussicht auf ein wenig leuchtend buntes Gefieder ist verlockend. Also absteigen und schieben, so lang ist das Tal nicht. Eisvögel sieht man auf jeden Fall, wenn nicht auf der Steilwand im Tal, wo sie nisten, dann zumindest auf der Schautafel davor. Aber auch ohne Vogelkunde ist es ein netter Radspaziergang an einem kleinen Bach entlang. Ab und zu liegt ein Findling im Weg. Wer will, kann am Ende des Tales noch Meister Petz besuchen, im Bärenwald.

Auf der breiten Straße Richtung Malchow

Gemütlich den Tag ausklingen lassen im Biergarten der Klosterklause

Der Weg durch das Tal der Eisvögel führt zum Bärenwald

KM 26,9

5 Blick auf Malchow

Postkartenansicht

Plau am See liegt ja schon idyllisch. Malchow legt noch einen drauf. Vor allem hat die Inselstadt etwas, was die Stadt am anderen Ende des Plauer Sees nicht zu bieten hat: den Panoramablick über den See auf die Stadtsilhouette. Als Sahnestückchen kommt dann auch noch der Springbrunnen in der Mitte des Sees hinzu, der hohe Fontänen in die Luft bläst. Wäre es nicht so schön, wäre es kitschig. Da lohnt der kleine Abstecher über das unebene Kopfsteinpflaster des Klosterhofes. Und warum nicht die müden Beine in den See baumeln lassen?

Ein kleines Stück den See entlang weiterfahren.

KM 27,8

6

Klosterklause Malchow

Fleischeslust

Irgendwann muss auch mal Schluss sein mit Fischbrötchen, Räucheraal und Zanderfilet. Natürlich bestimmt alles, was aus dem Wasser kommt, den Speisezettel der Seenplattenbewohner, wie könnte es auch anders sein. Aber mal so ein richtig saftiges Stück Fleisch, am besten noch aus dem Smoker? Hat sich auch das Team der Klosterklause gedacht und bietet so allerlei Burger, Pulled Pork und Räucherhuhn. Vegetarier müssen sich jedoch nicht nur über den schönen Biergarten freuen. Wie wäre es mit hausgemachten Halloumi-Bratlingen oder dem Gurkensalat nach Omas Rezept? (www.malchow-klosterklause.de)

Über den Damm, der Inselstraße folgen, dann leicht ansteigend direkt zum Bahnhof zum Ziel.

EXTRA INFOS:

Am Ende des Tals der Eisvögel gibt es mit dem ● **Bärenwald Müritz** noch einen Tierpark, in dem man Meister Petz einmal von Nahem sehen kann (www.baerenwald-mueritz.de).

KM 29,8 » ZIEL

Bahnhof Malchow

WARUM NICHT DIE BEINE IM WASSER BAUMELN LASSEN?

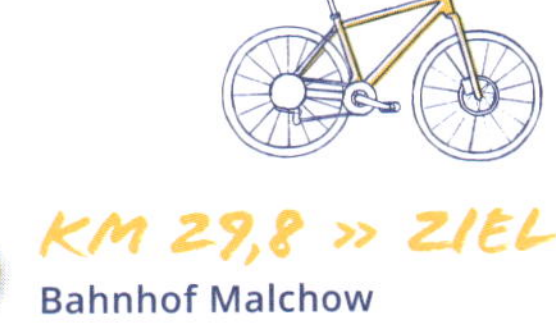

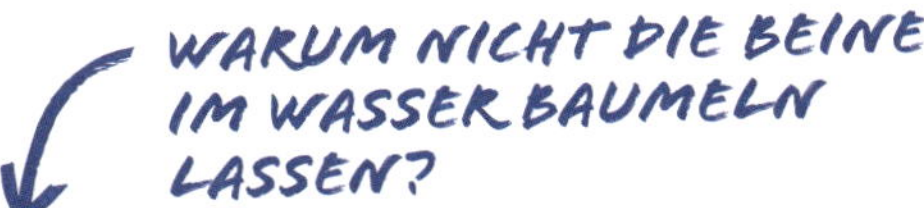

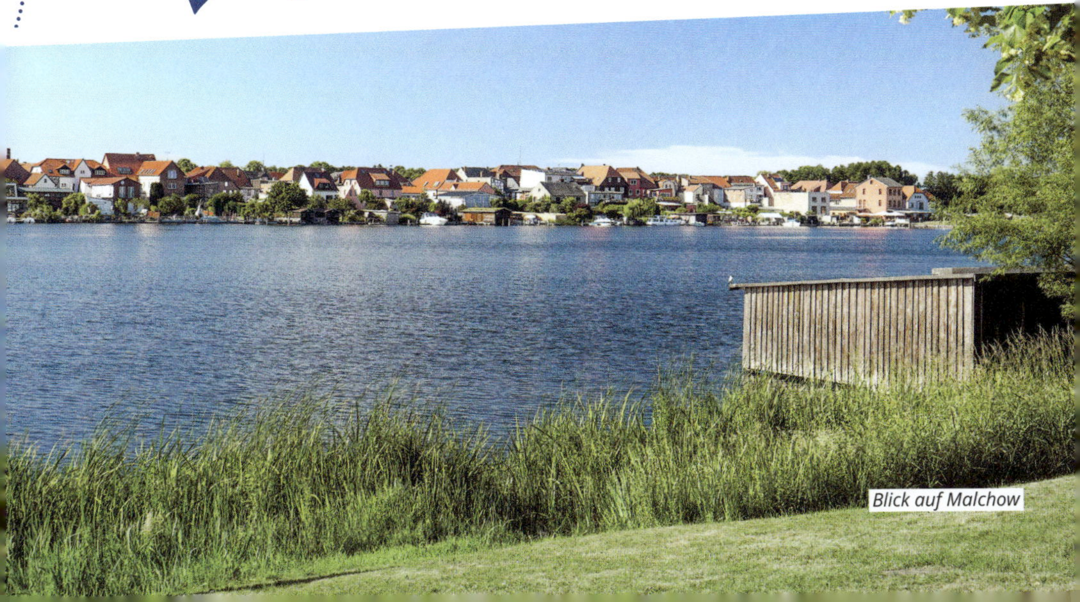

Blick auf Malchow

slawischer Burgwall
Weizenberg
Müritz-Elde-Wasserstraße
Plauer See
Plau am See
B 191
Bahnhof Plau am See START
Plauer Burg
Klebe
1 Plauer Hubbrücke
Hof Lalchow
TECHNIK BEWUNDERN
ZEIT, IN DEN SEE ZU HÜPFEN?
Großer Pätschsee
Gallberg
B 103
Gaarzer See
Plauer Stadtwald
PLÖTZENHÖHE
Plötzensee
Burgwall Gaarz
Zislow
Steingrab Zislow 1
Schlemminer Tannen
Reppentin
Silbermühle
Gaarz
BUCHEN SUCHEN
2 Zauberwald
Suckow
Suckower See
Dresenow
B 198
Dresenower Mühle
Gnevsdorf
Twietfort
Großsteingrab Twietfort 1
Buchberg 118
Radlertreff am Campingplatz Stür 3
Bad Stuer
Tal der Eisvögel 4
Gehlsbach
Bärenwald Müritz
Ganzlin
0 1 2 KM
Großsteingrab Stuer 3

AUF EINEN BLICK

- **Start:** Bahnhof Plau am See
- **Ziel:** Bahnhof Malchow
- **Strecke:** 29,8 km (Streckentour)
- **Reine Radelzeit:** gut 2 Std.
- **Höhenmeter:** ↗ 82 m, ↘ 75 m
- **Rollfaktor:** Die erste Hälfte der Tour fast ausschließlich gut zu befahrender Waldweg. Durch das Tal der Eisvögel Singletrail. Dann bis Malchow gut asphaltierte Straße. Kurz vor Malchow wieder unbefestigter Uferweg, aber gut zu radeln.
- **Beste Zeit:** Frühling bis Herbst.
- **Mitnehmen:** Badezeug, der Plauer See ist bekannt für seine gute Wasserqualität.

DIE RADELPAUSEN

» START
Bahnhof Malchow

KM 1
1 DDR-Museum
Jüngere Geschichte erleben

KM 3,9
2 Picknickplatz mit Aussicht
Gipfelglück

KM 9,9
3 York-Blücher-Denkmal
Preußens Gloria

TECHNIK & GESCHICHTE

Radtour von Malchow nach Waren

Ein Blick in die DDR-Vergangenheit, eine kurze Begegnung mit den alten Preußen und drum herum ganz viel Natur, weite Ausblicke und die eine oder andere außergewöhnliche kulinarische Begegnung. Eine Radtour, die wie kaum eine andere die Essenz der Seenplatte abbildet.

SCHUSSFAHRT BIS ZUM HAFEN!

Schön, wenn der Bahnhof höher liegt als die Innenstadt. Malerisch liegt die Inselstadt Malchow, die ihrem Namen alle Ehre macht! Autofrei wäre noch schöner, aber man kann nicht alles haben. Es knattert tatsächlich noch ein Trabi vorbei, hier, wo so gar nichts mehr an DDR erinnert. Das Schild **»DDR-Museum«** fixt an, ein wenig Ostalgie muss sein. Ein kleiner Rundgang durch das klitzekleine Museum, und dann geht es leider erst einmal auf Kopfsteinpflaster den Berg hoch.

Aber nicht allzu lange, dann lockt rechter Hand ein lauschiges Waldstück. Ländlich-sittlich ist es plötzlich, die Fahrt geht durch ein kleines Feuchtgebiet, auf der Weide zur Rechten grasen Pferde. Dann mit der gesamten Gewalt der Zivilisation eine Treppe. Auf dem ausgeschilderten Radweg steil den Berg hoch, immerhin mit Schiebespuren. Hoch sehr mühsam, hinab wohl ein halsbrecherisches Manöver. Immerhin, bergauf lockt ein **Picknickplatz mit Fernsicht**. Letztere begleitet einen fast auf ganzer Strecke, die wie meist in dieser Gegend auf und ab mäandert.

ERST GEHT'S BERGAUF, AB DEN GENERÄLEN NUR NOCH BERGAB ZUM JABELSCHEN SEE

Am höchsten Punkt der Tour warten die alten Preußen, genauer gesagt die **Generäle York und Blücher**, denen hier ein Denkmal gesetzt wurde.

Im Tal lauert der Büffel, besser gesagt der **Wisent in Form eines riesengroßen Holzschildes** auf grüner Wiese, das auf das nahe gelegene Wisent-Reservat hinweist. Bevor man dieses erreicht, lockt ein Fischladen mit Räucherfisch und Märchenblick auf den Jabelschen See. Schöner wird's nicht!

Kurz vor Waren erinnert eine überdimensionale **Schiffsschraube** an Warens Rolle als Industriestandort – vor lauter unberührter Natur kaum zu glauben. Auch der touristische Rummel bei der Einfahrt in die Stadt erstaunt. Waren ist nun einmal touristisches Zentrum Nr. 1 an der Müritz. Das kann man ja auch genießen, zum Beispiel bei einem Ankunftsgetränk im Hafen. «

Blick auf das Kloster Malchow

Achtung, Wisent!

Lust auf Fischbrötchen?

RADELN & GENIEßEN

START

Bahnhof Malchow

Schussfahrt zum Hafen, dort linker Hand einbiegen. Egal, wie alt man 1989 war: Der folgende Stopp ist ein Muss.

Gemütliche Rast ...

KM 1

1 DDR-Museum

Jüngere Geschichte erleben

Viel ist nicht mehr übrig geblieben von der DDR. Auf der Mecklenburgischen Seenplatte findet man nur wenige Spuren aus der real-sozialistischen Vergangenheit. Das eine oder andere DDR-Museum hat in den letzten Jahren aufgemacht, eines davon steht in Malchow. Für Ossis ein Blick in die Vergangenheit, Wessis werden das eine oder andere Neue entdecken. Das Museum ist im ehemaligen Filmpalast untergebracht, der Name ein gewaltiger Euphemismus, ist es doch ein eher kleines, unscheinbares Gebäude. Ein kurzer, lohnenswerter Abstecher in die DDR-Vergangenheit. Achtung: Eingeschränkte Öffnungszeiten, am besten vorher anrufen. (www.visit-malchow.de/sehenswert/ddr-museum)

Auf dem ausgeschilderten Radweg Richtung Norden wenden.

Das DDR-Museum in Malchow

... mit Aussicht

KM 9,9

3 York-Blücher-Denkmal

Preußens Gloria

Es hügelt ziemlich auf dieser Tour. Auf der höchsten Erhebung warten dann die Preußen. Genauer gesagt die Herren Generäle York und Blücher. Nicht in persona, sie lassen sich durch den preußischen Adler vertreten, der da martialisch auf dem Denkmalsockel thront. Warum das Denkmal ausgerechnet hier steht, erklärt eine Infotafel. Freiluft-Geschichtsunterricht sozusagen. Das Denkmal erinnert an das Gefecht zwischen preußischen Jägern unter General York und napoleonischen Soldaten im nahen Nossentin, das die Preußen dank neuer Taktik siegreich gestalten konnten. Auf der Tour markiert es den Platz, von dem es bis Waren fast nur noch bergab geht.

Weiter um den See strampeln, der Ausschilderung nach.

KM 3,9

2 Picknickplatz mit Aussicht

Gipfelglück

Manchmal erlauben sich Radwegarchitekten einen Scherz. Anders kann man sich nicht erklären, was man da kurz hinter Malchow entdeckt. Eine Treppe. Auf einem ausgeschilderten Radweg. Und nicht nur ein paar Stufen, sondern mehrere Absätze. Steil ist er auch noch, der verkehrsplanerische Anschlag auf die Gesundheit der Zweiradfreund:innen. Aber, ein ganz großes Aber: Oben angekommen, wird man entschädigt durch einen grandiosen Ausblick – da können die Verkehrsplaner ja nichts dafür – und, das ist ganz wunderbar gestaltet, ein Picknickplatz mit Bank, Tisch und Dach. Da ist man mit Malchow versöhnt und kann entspannt den Proviant auspacken.

Weiter auf dem Radweg, der Beschilderung Richtung Waren folgen.

Es grüßt der preussische Adler

Das Holzwisent weist den Weg

KM 19

5 Fischerhof Damerow

Frischer Fisch auf den Tisch

Die wohl urigste Fischbude liegt am Ufer des Jabelschen Sees. Wobei Bude eine Untertreibung ist. Der Fischerhof Damerow hat Hofladen, Restaurant, Biergarten und vor allen Dingen: einen unverstellten Blick auf den See. Hier könnte man stundenlang auf den See gucken, wären da nicht die Restkilometer nach Waren. Ein Fischbrötchen sollte es aber auf jeden Fall sein. Selbst Angeln wäre möglich, aber wer hat schon eine Angel in der Satteltasche und Platz für den frischen Fang? (www.mueritzfischer.de/fischerhoefe/fischerhof-damerow)

Zurück zur Straße fahren und dann dem Radweg nach Waren folgen.

KM 16,4

4 Hölzerner Wisent

Selfie-Stopp!

Ob man sich die Zeit für das Wisent-Reservat nehmen sollte? Kann man, muss man aber nicht. Einen kurzen Fotostopp lohnt aber auf jeden Fall das riesige Reklameschild, das da bei der Ortschaft Jabel auf der Wiese steht. Und als ob das nicht schon Hinweis genug wäre, steht da auch noch ein überlebensgroßer Wisent aus Holz im Gras, wie die Osborne-Stiere in Spanien. Wer Lust hat: Das Wisent-Gehege Damerower Werder liegt auf der Landzunge zwischen Jabelschem See und Kölpinsee und bietet neben den Urrindern auch noch ein Restaurant.

Rechts abbiegen, die Straße nach Damerow nehmen.

Schraube locker kurz vor Waren

Blick auf den Jabelschen See

EXTRA INFOS:

Das ● **Wisent-Reservat** ist auf der Tour nur als Fotostopp eingeplant, lohnt aber durchaus auch den Besuch, vor allem wegen der angeschlossenen Gastronomie (www.guestrow-tourismus.de/attraktion/wisentgehege-damerower-werder).

Wer früh am Ziel ist und mehr über die Müritz lernen möchte: Das ● **Müritzeum** in Waren zeigt auf einer ganzen Etage in einem riesigen Aquarium die gesamte Vielfalt der Wasserflora- und fauna (www.mueritzeum.de).

KM 26,1

6 Riesenturbine

Was das Schiff antreibt

Autoverkehr ist man nach dieser Tour schon fast nicht mehr gewohnt. Der dichte Strom der PKWs erstaunt. Doch Waren ist nicht nur touristisches Zentrum der Seenplatte und Tor zur Müritz, Waren war auch immer und ist bis heute Industriestandort. Als Erinnerung an diese Tradition haben die Mecklenburger Metallgusswerke einen originalen Schiffspropeller ausgestellt. Seit 1875 stellen die Werke in Waren diese her und sind Weltmarktführer für Propeller über 80 Tonnen. Das ausgestellte, sieben Meter breite Monstrum hat allerdings »nur« 31 Tonnen Gewicht. Dennoch nichts für den Gepäckträger!

Vom Propeller führt die B 192 direkt bis zum Bahnhof.

KM 30,5 » ZIEL

Bahnhof Waren

WAREN IST UND WAR AUCH WICHTIGER INDUSTRIESTANDORT.

Guten Appetit!

Bergsee
Krog oder Krummer See
Großsteingrab Loppin
Laubansee
Lankhagensee
Seen- und Bruchlandschaft südlich Alt Gaarz
Loppin
Loppiner See
Naturpark Nossentiner/Schwinzer Heide
Hölzernes Wisent
4
TOLLER BLICK AUF DEN JABELSCHEN SEE
Jabel
Damerow
Nossentiner Hütte
Fischereihof Damerow
5
Wisentgehege
3
York-Blücher-Denkmal
Jabelscher See
Silz
Damerower Werder
Nossentin
Heidenkirchhof
Fleesensee
ACHTUNG: TREPPE!
Blüchersches Bruch und Mittelplan
Weisse Flotte Plau - Malchow - Waren
Picknickplatz mit Aussicht
2
Untergöhren
Krebssee
Bahnhof Malchow
START
Burg Laschendorf
Wendhof
Göhren-Lebbin
Schlosshotel Fleesensee
Malchow
Laschendorf
DDR-Museum
1
Blütengarten
Malchower See
Poppentiner See
Penkow
B 192
Roez
0
1
2 KM

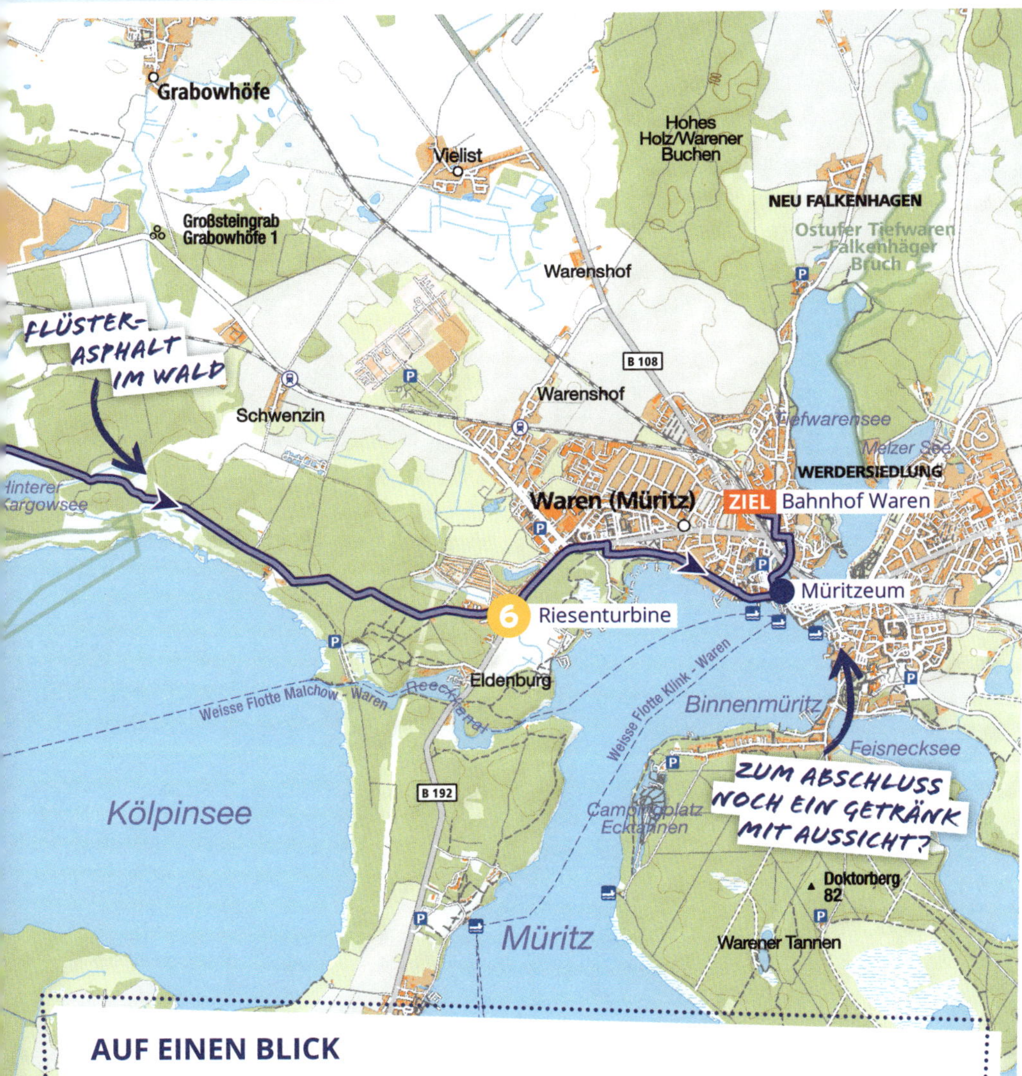

AUF EINEN BLICK

- **Start:** Bahnhof Malchow
- **Ziel:** Bahnhof Waren
- **Strecke:** 30,5 km (Streckentour)
- **Reine Radelzeit:** gut 2 Std.
- **Höhenmeter:** ↗ 7 m, ↘ 18 m
- **Wegbeschaffenheit:** Überwiegend gut zu fahrende Feld- und Waldwege, mit Ausnahme der Treppe kurz hinter Malchow. Hügeliges Terrain, das aber gut zu fahren ist. Ganz selten Kopfsteinpflaster.
- **Beste Zeit:** Frühling bis Herbst.
- **Mitnehmen:** Kühltasche, um Fisch mitzunehmen. Picknicksachen.

DIE RADELPAUSEN

>> START
Bahnhof Waren

KM 2,5
1 Badehäuschen Tiefwarensee
Kühles Nass

KM 7,4
2 Draisinenstrecke
Radeln auf Schienen

KM 17,9
3 Mein Laden
Das etwas andere Bistro

10

EIN HAUCH VON VOR-ALPENLAND

Rundtour von Waren durch die Mecklenburger Schweiz

Den einen oder anderen Höhenmeter sammelt man schon auf dieser Rundtour. Aber die Landschaft ist abwechslungsreich, es locken Badespaß, ein wenig Kultur und ganz viel leckeres Essen. Und am Schluss geht es mit Schwung zurück nach Waren.

KM 19,1
4 Wüste Kirche Domherrenhagen
Helm ab zum Gebet

KM 26,5
5 Grabowhöfe
Kaffee im Tierpark

KM 37,1
6 Räucherkahn
Bodenständig Fisch

KM 38,2 » ZIEL
Bahnhof Waren

MEIST MIT RÜCKENWIND …

… und erstaunlich schnell hat man Waren hinter sich gelassen. Durch Buchenwald geht es den Tiefwarensee entlang Richtung Norden. Ein Schild warnt vor Otterwechsel. Linker Hand ein Sanatorium, rechter Hand ein Steg mit **Badestelle**. Ruhig liegt der See und lockt mit kühlem Nass. Warum nicht einen Badestopp einlegen?

Vom See geht es dann stetig bergauf. Es fühlt sich fast wie das Voralpenland an, ist aber die Märkische Schweiz, die ihrem Namen alle Ehre macht. Ein Bahnübergang, die Schienen glatt geschliffen. Verkehren hier noch Züge? Ein Schild klärt auf: Hier kann man sich eine **Draisine** mieten und ein Stück durch die Landschaft brausen. Also: Vorsicht am Bahnübergang. Ein Summen, ein Quietschen, und schon saust eine Draisine vorbei. Die Radstrecke ist nun für ein paar Kilometer ein Feldweg und führt an den Schienen entlang. Dann kommt eine einsame Landstraße, die sich den nächsten Hügel hochschlängelt.

WOHLVERDIENT: ERST HÖHENMETER MACHEN, DANN ENTSPANNT ZURÜCK ZUR MÜRITZ ROLLEN

Ein Schild, das einen **Hofladen** ankündigt! Ein empfehlenswerter Verpflegungstopp mit Sicht auf das Schloss Ulrichshusen ist das in jedem Fall. Der Schlossbiergarten ist leider nur an Wochenenden geöffnet.

Ein Wegweiser zur **Wüsten Kirche** schiebt sich in den Blick. Was das wohl ist? Eine Kirchenruine am Ende eines schmalen Feldweges. Von hier führt der Weg durch Mischwald zu einer gut ausgebauten, aber so gut wie leeren Straße. Es geht tendenziell bergab, die Märkische Schweiz gibt Schwung.

Noch einen schnellen Kaffee im **Café des Tierparks Grabowhöfe** könnte man trinken, vielleicht auch ein paar Tiere gucken, dann hat man schon die Außenbezirke von Waren und damit das Müritzufer erreicht.

Die Stadt begrüßt einen mit einer fantastischen Fahrradstraße und einer urigen **Fischbude** in Form eines vertäuten Kahns. Das wirkt um einiges bodenständiger als der schnieke herausgeputzte Hafen der Stadt. Hier steppt allerdings tagsüber der märkische Bär. Fast zu viel Rummel nach der stillen Weite der Märkischen Schweiz. «

Otterwechsel nicht vergessen?

Ob hier Rapunzel wohnt?

Blick auf den Tiefwarensee

RADELN & GENIEẞEN

Bahnhof Waren

Vom Bahnhof links der Straße folgen, immer am See entlang.

Badestelle am Tiefwarensee

KM 2,5

1 Badehäuschen Tiefwarensee

Kühles Nass

Eigentlich ist es ja noch zu früh zum Baden, so kurz nach der Abfahrt. Aber kann man dazu Nein sagen? Ein tiefblauer See, sauber und ruhig, und ein Steg, der zu einem schattigen Badehäuschen führt. Auf jeden Fall aber absteigen, das Rad abstellen und zum Häuschen laufen. Der Tiefwarensee ist der kleine nördliche Bruder der Müritz und deutlich länger als breit. Das gegenüberliegende Ufer scheint zum Greifen nah, da könnte man doch hinüberschwimmen? Gut 300 Meter sind das dennoch, und auf der anderen Seite lauert die Wolfsschlucht. Vielleicht kann man ja auch einfach nur die Beine vom Steg baumeln lassen.

Dem ausgeschilderten Elbe-Müritz-Radweg folgen.

Achtung Querverkehr!

Wenn das nicht eine Einladung zur Radelrast ist!

2

Draisinenstrecke

Radeln auf Schienen

Achtung! Die Eisenbahnstrecke ist zwar stillgelegt, von Zeit zu Zeit braust da dennoch etwas heran, kein ICE, sondern eine Draisine, angetrieben mit Pedalkraft. Das sieht ein wenig wackelig aus, wie die Metallbank da die beiden Fahrräder verbindet und zusammen mit diesen die Draisine bildet, scheint aber sehr populär zu sein, wenn man die Frequenz der Radlerkolleg:innen auf Schienen sieht. Vormittags kommen sie von rechts und nachmittags von links, oder war es umgekehrt? Auf jeden Fall: Augen auf an den drei Bahnübergängen. Wer angefixt ist, kann nach der Rückkehr nach Waren direkt umsteigen. Die Abendfahrt gibt es aber nur nach Anmeldung. (www.draisine-mecklenburg.de/draisinenstrecke-in-waren.html)

Weiter der Radwegausschilderung folgen, auf den Schlösserradweg wechseln.

3

Mein Laden

Das etwas andere Bistro

Schon ein paar Kilometer vorher steht das Schild im Kornfeld. Das ist erstklassiger Service und schürt die Vorfreude. »Mein Laden«, da fühlt man sich auch direkt angesprochen. Karnivoren freuen sich auf die Wildwurst, Vegetarier auf den Hofkäse. Knapp drei Kilometer weiter dann ein grünes Fahrrad mit dem Schild »Freude«: Da lacht das Herz. Am und im Laden hängt dann allerlei Nippes, ein paar Sinnsprüche, ein Bild von Udo Jürgens. Das etwas andere Bistro, tatsächlich. Wie es am Eingang heißt: »Erleben und genießen.«

Gleich hinter Ulrichshusen links auf den unbefestigten Weg fahren, weit ist es nicht.

Auch für Otter bremsen!

Altarkreuz der Wüsten Kirche

KM 19,1

4

Wüste Kirche Domherrenhagen
Helm ab zum Gebet

Was für ein schöner Platz! Da haben sich die Erbauer schon etwas dabei gedacht, ausgerechnet hier ein Gotteshaus zu errichten. Die Wüste Kirche Domherrenhagen stammt aus dem 13. Jahrhundert und ist der letzte bauliche Überrest des gleichnamigen Dorfes, welches im 15. Jahrhundert aufgegeben wurde. Die Bezeichnung »Wüste Kirche« ist keine neue, sondern besteht schon seit 1648. Mit einer gewissen Andacht betritt man das Gebäude, das heute nur noch aus ein paar Außenmauern, einem Gewölberest und einem Altar mit Holzkreuz besteht. Dennoch hat die Kirche etwas Erhabenes. Kein Wunder, dass hier ab und an Konzerte und Gottesdienste stattfinden.

Auf dem Waldweg weiter Richtung Südwesten radeln.

KM 26,5

5

Tiererlebnispark Grabowhöfe
Kaffee im Tierpark

Kulinarisch ist irgendwie tote Hose zwischen Domherrenhagen und Waren. Aber ein Kaffee, direkt im Eingangsbereich, das wäre jetzt nicht schlecht. Der Tiererlebnispark Müritz, vulgo Grabowhöfe, bietet tatsächlich eine Sitzmöglichkeit und ein Heißgetränk. Wenn man schon einmal da ist, kann man sich diesen mit viel Liebe zum Detail in einer ehemaligen LPG eingerichteten Park mit allerlei exotischen Tieren auch anschauen. Vor allen Dingen, wenn man mit Kindern unterwegs ist. Ein Tierpark für alle, die keine Zoos mögen (www.tiererlebnispark-mueritz.de).

Geradeaus bis zur Landstraße, dieser Richtung Waren folgen, auf die B 192, und am Wegweiser zum Kletterpark rechts abbiegen.

Rad aufhängen und Kaffee trinken!

Fisch und ein bisschen norddeutscher Snak

EXTRA INFOS:

● **Schloss Ulrichshusen** bietet die einzige richtige Einkehrmöglichkeit entlang der Tour. Ausgezeichnete gutbürgerliche Küche mit Pfiff, das Restaurant ist für Leute im Radeldress vielleicht ein wenig zu schick. Für Kaffee und Kuchen ist es aber für alle eine gute Adresse (www.ulrichshusen.de).

NORDDEUTSCHER GEHT ES NICHT MEHR!

KM 37,1

6 Räucherkahn

Bodenständig Fisch

Waren hat nicht den allerbesten Ruf, was seine touristische Infrastruktur angeht. Und ja, man isst entlang der Seenplatte fast überall besser und günstiger als in der Müritzmetropole. Es geht aber auch anders in Waren. Kurz vor dem Hafen liegt ein Kutter vertäut am Ufer, hier kommt kein Schnickschnack auf den Fisch, der ist gut so, wie er ist. Gemütlich ist anders, aber wer würde sich schon beschweren, wenn er mit Räucherfisch, Kaltgetränk und Müritzblick am Räucherkahn in der Sonne sitzt. Ist es kalt, wärmt die exzellente Fischsuppe. (www.raeucherkahn.de)

Vom Hafen der Ausschilderung zum Bahnhof folgen, über den Marktplatz, durch die Fußgängerzone (schieben!), an deren Ende durch die Bahnunterführung und dann den Schienen nach Nordwesten folgen.

KM 38,2 » ZIEL

Bahnhof Waren

Zum Abschluss ein Matjesbrötchen!

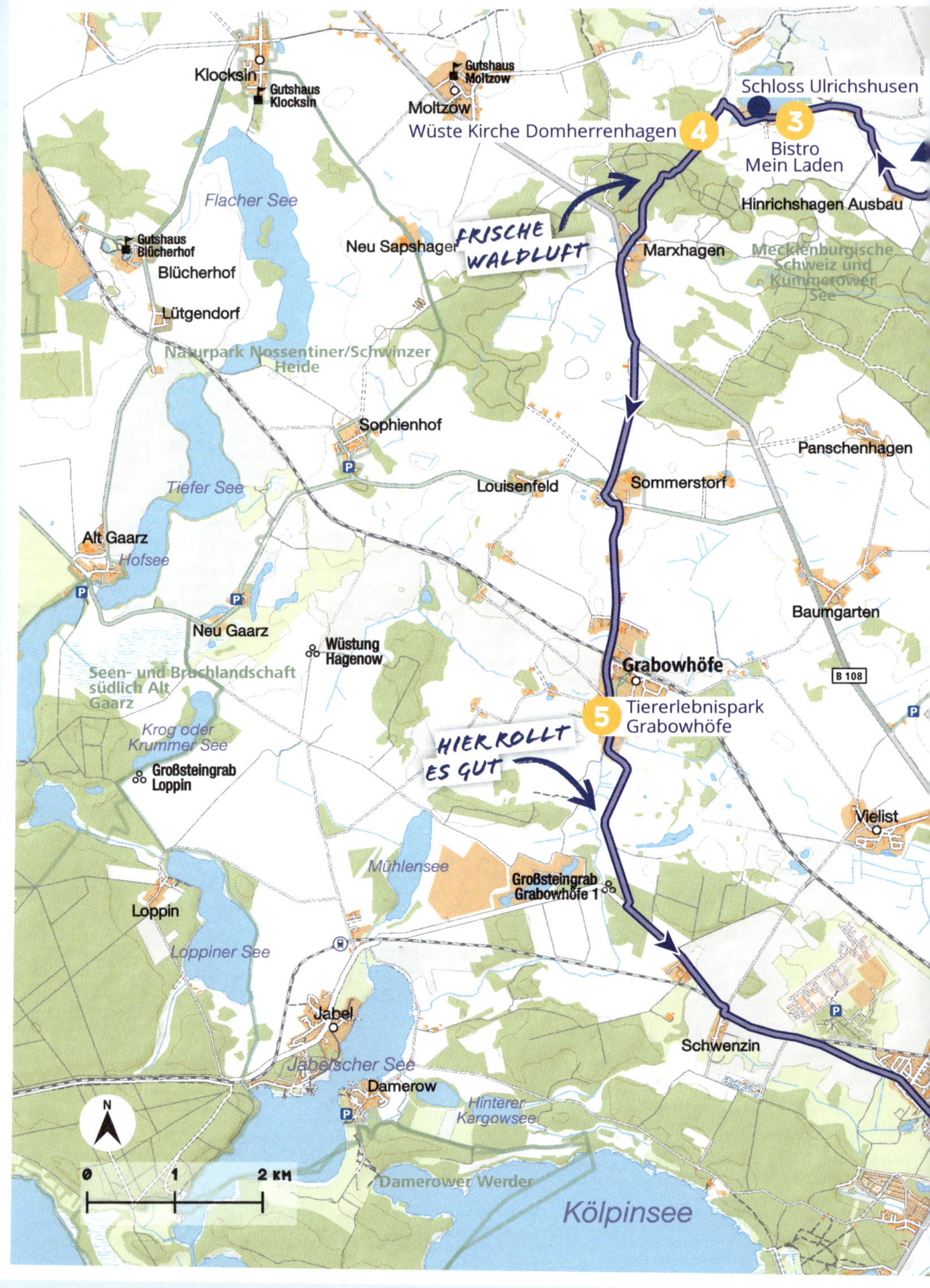

Klocksin
Gutshaus Klocksin
Gutshaus Moltzow
Moltzow
Schloss Ulrichshusen
Wüste Kirche Domherrenhagen
4
3
Bistro
Mein Laden
Hinrichshagen Ausbau
Flacher See
Gutshaus Blücherhof
Blücherhof
Neu Sapshagen
FRISCHE WALDLUFT
Marxhagen
Mecklenburgische Schweiz und Kummerower See
Lütgendorf
Naturpark Nossentiner/Schwinzer Heide
Sophienhof
Panschenhagen
Louisenfeld
Sommerstorf
Tiefer See
Alt Gaarz
Hofsee
Neu Gaarz
Baumgarten
Wüstung Hagenow
Grabowhöfe
B 108
Seen- und Bruchlandschaft südlich Alt Gaarz
5
Tiererlebnispark Grabowhöfe
Krog oder Krummer See
HIER ROLLT ES GUT
Großsteingrab Loppin
Vielist
Mühlensee
Großsteingrab Grabowhöfe 1
Loppin
Loppiner See
Jabel
Schwenzin
Jabelscher See
Damerow
Hinterer Kargowsee
N
0
1
2 KM
Damerower Werder
Kölpinsee

AUF EINEN BLICK

- **Start und Ziel:** Bahnhof Waren
- **Strecke:** 38,2 km (Rundtour)
- **Reine Radelzeit:** 2 Std. 30
- **Höhenmeter:** ↗ 93 m, ↘ 93 m
- **Wegbeschaffenheit:** Fast ausschließlich Asphalt, das ständige Auf und Ab nervt ein wenig, dafür sind die Ausblicke schön. Eingestreut ein paar Kopfsteinpflasterpassagen und gut drei Kilometer Waldweg.
- **Beste Zeit:** Frühling bis Herbst.
- **Mitnehmen:** Badezeug, die Badestelle am Tiefenwarensee sollte man nicht auslassen. Eventuell Proviant, vor allem aber genügend Getränke, da es kaum Einkaufsmöglichkeiten entlang der Strecke gibt.

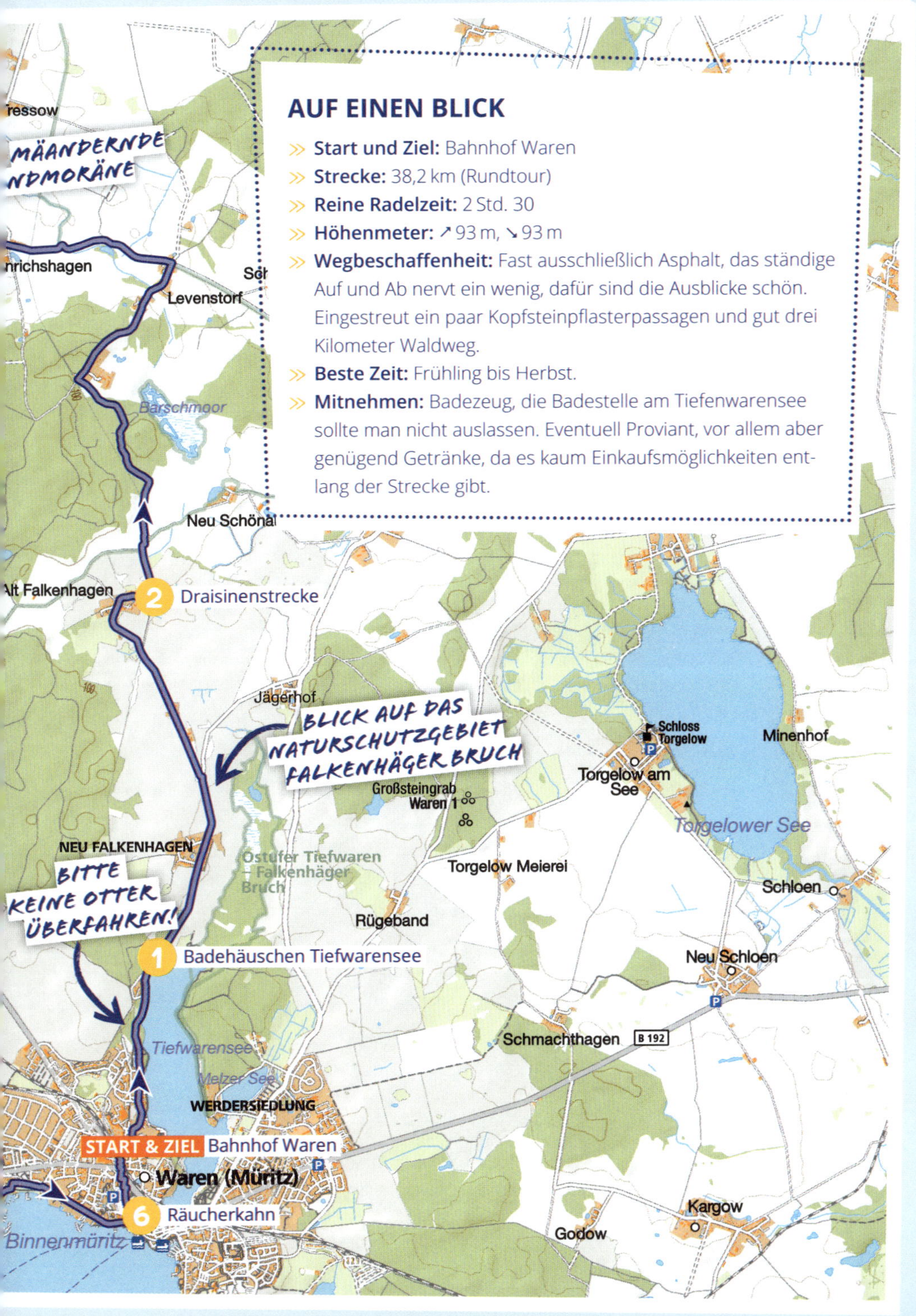

DIE RADELPAUSEN
» START
Bahnhof Waren
KM 1,7
1
Hafenpromenade Waren
Kaffee am Hotspot
KM 10
2
Hörspielkirche Federow
Den Ohren geweiht
KM 13,5
3
Üdi's Imbiss
Einfach gut essen

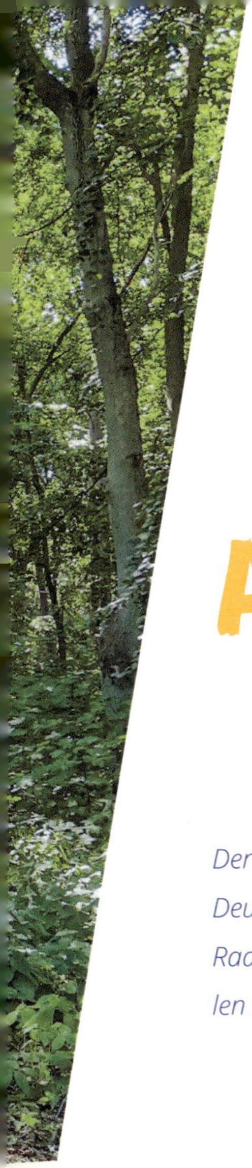

11 NATIONALPARK MIT AUSSICHT

Schattige Tour von Waren nach Kratzeburg

Der Müritz-Nationalpark ist eines der größten Naturschutzgebiete Deutschlands und durchzogen von toll angelegten, gut zu befahrenden Radwegen. Eine Tour durch dichten Wald und mit einem eindrucksvollen Müritzblick aus der Vogelperspektive.

KM 20
4 Aussichtsturm Käflingsberg
Müritz von oben

KM 29,3
5 Kanutransport
Verlorene Lore

KM 34
6 Flatterhus Kratzeburg
Mit Fledermäusen abhängen

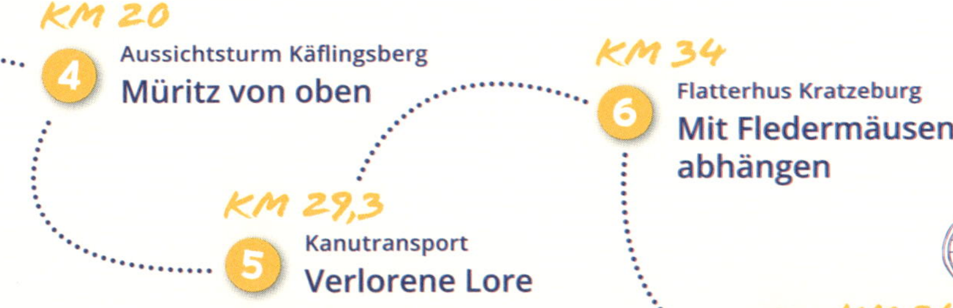

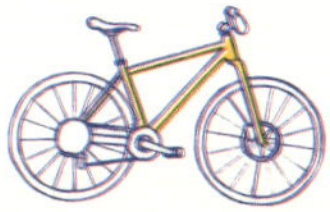

KM 34,4 » ZIEL
Bahnhof Kratzeburg

SCHÖNER KANN MAN KAUM RADELN!

Nach der Warener **Hafenpromenade** geht es zuerst entspannt an der Müritz entlang, dann verkehrsberuhigt durch eine Art Villenviertel. Und dann, Krönung des Ganzen, eine Fahrradstraße! Durch den Wald! Kein Auto weit und breit, ganz viel Grün, und eine Luft, die man gerne mit nach Hause nehmen würde. Der Radweg mäandert durch die Bäume, gerne auch mal ein wenig hoch und runter.

Eine Straße aus dem Nirgendwo, ein Wegweiser nach Waren: Man hätte auch hässlicher hierher radeln können. Hier, das ist Federow, und hier steht nicht nur ein stattliches Gut mit Restaurant, sondern auch eine Kirche, die ordentlich auf die Ohren gibt. **Hörspielkirche**, auf die Idee muss man erst einmal kommen! Aber auch davon abgesehen ist das Gotteshaus ziemlich schnuckelig. Da nicht immer Veranstaltungen stattfinden, bietet sich die Kurzversion an: Im Garten steht ein großes Buch, ein Moment der Andacht dort, dann geht es weiter.

SCHWUNGVOLL MÄANDERT DER RADWEG ÜBER DIE ENDMORÄNENLANDSCHAFT

Linker Hand wird es gefährlich, da lagern wohl noch Restbestände der ehemaligen militärischen Nutzung, wie Warnschilder in regelmäßigen Abständen verkünden. Kaum zu glauben, in der Müritz testeten die Nazis U-Boote und die NVA hat so manches Geschoss in den Wald gejagt. Selbigen von oben sieht man ein paar Kilometer weiter. Nur das Rad abstellen, ein wenig zu Fuß den Berg und dann ein wenig mehr den **Aussichtsturm** nach oben gehen. Kein Haus weit und breit, keine Siedlung, nur Wald und Seen.

Alles andere versteckt sich in der Natur, so auch der **Radimbiss**, dessen Essen so lecker ist, dass man ihm auch den in Mecklenburg üblichen Deppenapostroph vergibt. Die Stärkung braucht man auch, denn nun geht es tatsächlich eine Weile bergauf.

Bei der nächsten Schussfahrt sieht man Seltsames am Wegesrand – eine Mischung aus Draisine und Kunstinstallation – das ganze dient aber dem **Kanutransport**.

Wer den Imbiss verpasst hat: Auch »Unter den Linden« gibt es leckeres Essen. Von hier ist es nur noch ein Fledermausschlag bis nach Kratzeburg. Den geflügelten Nagern kommt man im dortigen **Fledermausmuseum** näher.

Noch fahrfähig?

Vor der Aussicht steht die Treppe

Kanufahrt gefällig?

RADELN & GENIEßEN

START

Bahnhof Waren

Einen knappen Kilometer dem Radweg nach Süden folgen, dann durch die Unterführung und der Ausschilderung zum Hafen nach.

Hier gibt's auf die Ohren

KM 1,7

Hafenpromenade Waren

1 Kaffee am Hotspot

Ja, hier ist es touristisch. Aber auch ziemlich schön. Ohnehin beginnen fast sämtliche Müritz-Radwege am Warener Hafen, da kann man hier auch schon einmal vorbeischauen. Während am Abend gegen 21 Uhr die Bürgersteige hochgeklappt werden, ist die Hafenpromenade mit dem Blick auf die umgebauten Kornspeicher, den Yachthafen und die Segelboote tagsüber eine zu Recht beliebte Flaniermeile. Wer Waren in den frühen 1990ern besucht hat, wird den Hafen nicht wiedererkennen, er wurde bis 2016 für satte zehn Millionen Euro umgebaut. Einen Espresso, bevor es losgeht?

Den ausgeschilderten Radweg Richtung Federow nehmen.

KM 10

2 Hörspielkirche Federow

Den Ohren geweiht

Es steht ein Buch im Kirchhof, und es ist nicht die Bibel. Das macht neugierig. »Hörspielkirche« steht auf dem Schild, und da fragt man sich, was das denn genau ist. Die Erklärung ist so schlicht wie einfach: Die bereits im 13. Jahrhundert gegründete Feldsteinkirche in Federow stand lange Zeit ungenutzt, bis die außergewöhnliche Idee, sie zu einer Hörspielkirche umzuwandeln, das Gebäude vor dem drohenden Verfall rettete. Es gibt regelmäßig etwas zu lauschen in der Hörspielkirche Federow. Die Wahrscheinlichkeit, dass Radtour und Veranstaltungstermin auf den selben Tag fallen, dürfte aber gering sein. Ein Blick in den winzigen Altarraum, mit seinen gelb gestrichenen Wänden und den bunten Glasfenstern, beweist jedoch, dass hier ein außergewöhnliches historisches Gebäude gerettet wurde (www.stmarien.de).

Dem ausgeschildeten Radweg Richtung Kratzeburg folgen.

Günstig und gut: Üdi's Imbiss

KM 13,5

3 Üdi's Imbiss

Einfach gut essen

Schick ist hier gar nichts. Im Innenhof hätte ein Gärtner zudem sehr viel zu tun. Sollte er aber besser lassen, weil »Üdi's Imbiss« eben so gut ist, wie er ist. Was braucht man auf Tour? Eine Sitzgelegenheit, ein kühles Getränk und einen nahrhaften Snack. Und genau das bekommt man, zu Preisen wie vor der Euroumstellung. Sowieso scheint hier die Zeit ein wenig stehen geblieben zu sein. Viele Alternativen gibt es auf dieser Strecke sowieso nicht, von den wenigen ist Üdi's auf jeden Fall die beste.

Weiterradeln auf dem Radweg Richtung Kratzeburg.

Ausflugsschiff am Hafen von Waren

WIE WÄRE ES MIT EINER KLEINEN DAMPFERRUNDE ÜBER DIE MÜRITZ?

KM 20

4 Aussichtsturm Käflingsberg
Müritz von oben

Der 1990 gegründete Nationalpark Müritz ist der größte terrestrische Nationalpark Deutschlands. Vor allem Wasservögel fühlen sich hier wohl. Der Nationalpark von oben, das wäre doch was! Dafür muss man nicht in einen Ballon steigen oder sich Flügel wachsen lassen, sondern nur auf den Aussichtsturm Käflingsberg steigen – wobei »nur« relativ ist. Das Rad stellt man besser am Abzweig ab, den Waldweg bergauf könnte man zwar theoretisch fahren, hat aber eine große Chance, sich dabei in den Märkischen Sand zu legen. Auf der Höhe des Käflingsbergs steht der Aussichtturm, das sind dann noch einmal 55 Höhenmeter, sodass man knapp über 100 Meter ü. NN ankommt und die Baumwipfel unter sich lässt. Die fantastische Fernsicht weit über die Müritz lohnt den mühsamen Aufstieg allemal.

Hier gibt es Infos zum Nationalpark und zu Fledermäusen

Zurück zum Rad und weiter den ausgeschilderten Radweg nehmen.

Blick auf den Nationalpark Müritz

KM 29,3

5 Kanutransport
Verlorene Lore

Huch, was steht da denn im märkischen Sand? Irgendein Ungetüm auf Schienen. Wie eine Kinderbelustigung sieht es jedenfalls nicht aus. Dient aber durchaus der Bespaßung. Auf der Lore mit dem Holzaufbau werden bis zu vier Kanus vertäut und dann auf den Schienen bis zum See verbracht. Per Hand, nur mit vorsichtigem Schieben. Ziemlich abgefahren, verhindert aber, dass Hinz und Kunz mit dem Auto an den See fahren und im Stau stehen, bevor an Kanufahren überhaupt zu denken ist. Weniger Verkehr, das kann einem auch nur recht sein.

Der Beschilderung nach Kratzeburg folgen.

KM 34

6 Flatterhus Kratzeburg
Mit Fledermäusen abhängen

Auf der staubigen Haupt-, weil einzigen Straße Kratzeburgs erwartet man eigentlich gar nicht viel. Umso überraschender ist das Fledermausmuseum in der Ortsmitte. Genauer gesagt das »Flatterhus Kratzeburg«, wie sich die Nationalpark-Information Kratzeburg auch nennt. Flattern tut dort genau genommen nichts, aber die ständige Ausstellung führt in die faszinierende Welt der Fledermäuse ein. Zusätzlich gibt es Infomaterialien über den Müritz-Nationalpark und auf Nachfrage gerne auch eine Einführung durch den Park-Ranger (www.mecklenburgische-seenplatte.de/reiseziele/flatterhus-kratzeburg-nationalpark-information).

Zurück auf die Ortsstraße, dieser nach links folgen und am Ortausgang noch einmal links abbiegen. Der Bahnhof ist in Sichtweite.

EXTRA INFOS:

Wer mehr als einen Imbiss möchte: Der ● **Havelkrug Granzin**, gut drei Kilometer vor Kratzeburg, bietet gutbürgerliche Küche und einen schönen Biergarten (www.havelkrug.de).

KM 34,4 » ZIEL

Bahnhof Kratzeburg

Kanu drauf und rollen lassen!

AM WASSER ENTLANG RICHTUNG HAFEN
START Bahnhof Waren
WERDERSIEDLUNG
Waren (Müritz)
1 Hafenpromenade Waren
Binnenmüritz
Burgwall
Feisnecksee
Campingplatz Ecktannen
Doktorberg 82
Kargow
2 Hörspielkirche Federow
KURVENREICH DURCH WALD UND FLUR
RADWEG DURCH DIE BOTANIK
Üdi's Imbiss 3
Rederang See
Müritz
Großer Schwerin mit Steinhorn
0 1 2 KM

AUF EINEN BLICK

- **Start:** Bahnhof Waren
- **Ziel:** Bahnhof Kratzeburg
- **Strecke:** 34,4 km (Streckentour)
- **Reine Radelzeit:** 2 Std. bis 2 Std. 30
- **Höhenmeter:** ↗ 32 m, ↘ 28 m
- **Wegbeschaffenheit:** Überwiegend Asphalt und planierter Radweg. Es rollt schattig durch den Wald. Entspannte Tour.
- **Beste Zeit:** Frühling bis Herbst.
- **Mitnehmen:** Fernglas für den Aussichtspunkt.

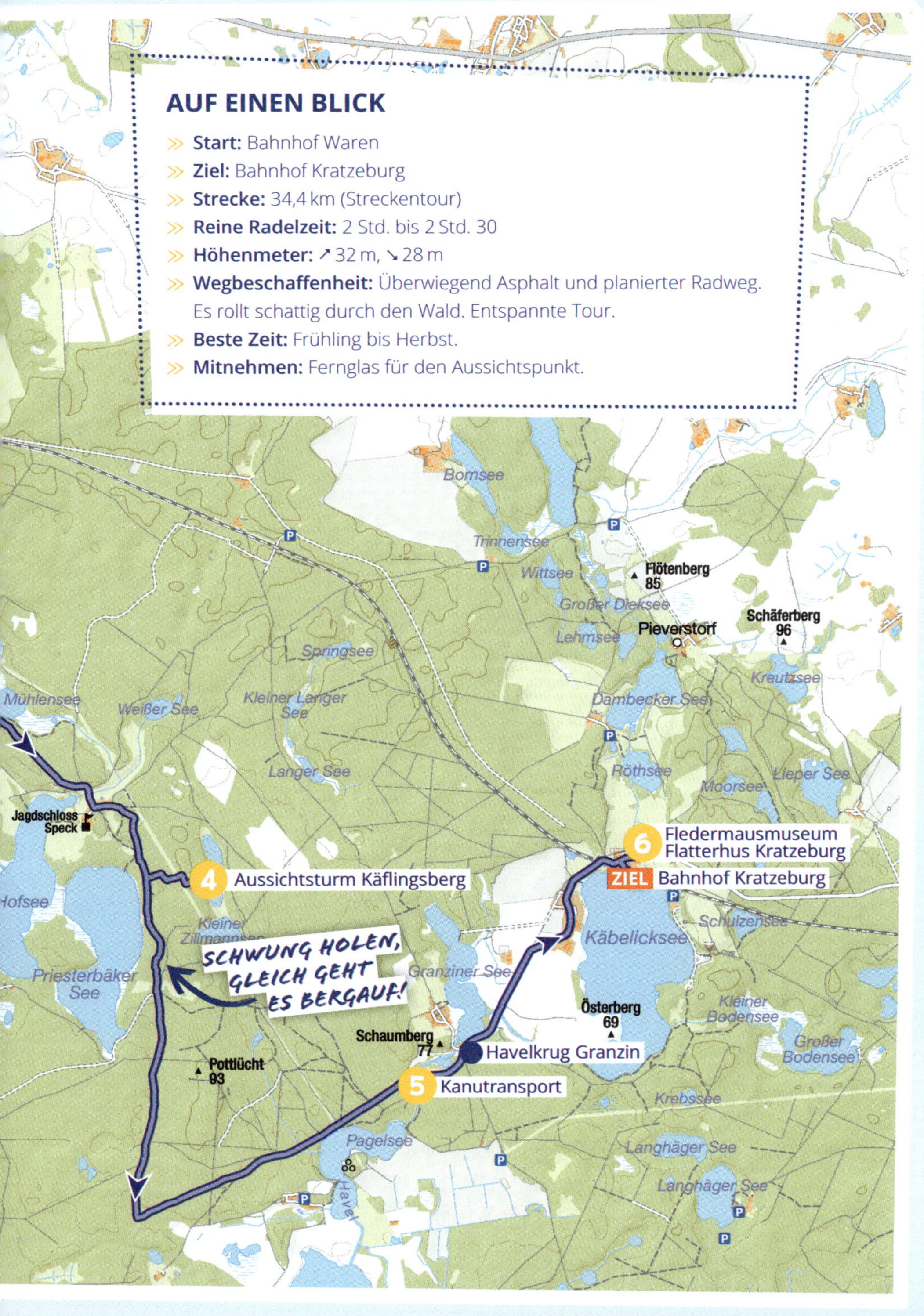

DIE RADELPAUSEN

» START
Bahnhof Waren

KM 1,9
1 Lebensraum Verlandungszone
Enten gucken

KM 7,9
2 Badestrand Klink
Planschen mit Ausblick

KM 25,5
3 Fischereihof Röbel
Heute mal wieder Fisch

12 WUNDERBARE MÜRITZ

Den See entlang von Waren nach Mirow

Der Klassiker, eine der meistbefahrenen Radtouren der Seenplatte. Und das zu Recht: Die Müritz zeigt sich von ihrer schönsten Seite, es geht weitgehend autofrei immer mal wieder direkt am Wasser entlang. Und auch für das leibliche Wohl ist allerorts gesorgt.

KM 40,6
4 Hofladen Alte Tischlerei
Oder doch mal was anderes?

KM 43,6
5 Bahnradweg
Eisenbahnnostalgie

KM 50,5
6 Schlossbrauerei Mirow
Hochherrschaftlich Prost

KM 51,5 » ZIEL
Bahnhof Mirow

WAREN ZEIGT SICH VON SEINER SCHOKOLADENSEITE

Eine breite Fahrradstraße aus der Stadt in Richtung Süden, direkt bis ins Feuchtgebiet. »Absteigen!« gebietet das Schild den Fahrradtourist:innen, und das macht man gerne. Schiebt das Rad ehrfürchtig über den Holzsteg, kann Enten beim Brüten und Kranichen beim Fischestochern zusehen. Es ist still in der **Verlandungszone**, nur ab und zu das Geräusch von Reifen auf den Holzbalken.

Erstaunlich ruhig auch Klink, DDR-Bettenburg für verdiente Arbeiter und bis heute touristischer Hotspot mit **Badestrand**. Nachvollziehbar: Der Blick über die Müritz ist traumhaft.

FÜHLT SICH AN WIE FLIEGEN: IM SAUSEWIND RICHTUNG MÜRITZ ROLLEN

Bis kurz vor Röbel muss man sich auch damit bescheiden, der Radweg geht zwar irgendwie an der Müritz entlang, die versteckt sich jedoch. Dann der Wegweiser der schwierigen Entscheidung: Geradeaus Röbel 6 km, links 14 km. Aber viel schöner! Feldwege, Alleen, Seeblick. Jetzt ein Fischbrötchen. Lokaler Fisch? Ja, der Kräuter-Morizaner sei zu empfehlen. Der Blick von der **Fischbude** über die Müritz auch. Omega-3-gestärkt sind es nur ein paar Minuten bis nach **Röbel**. Dort fläzt sich jemand mit Hut ans Ufer und blickt auf die Silhouette der Stadt.

Die weitere Strecke: wellig, Feldwege und Nebenstraßen. Höhenmeter. Da kommt der **Hofladen** mit Mittagstisch ganz recht. Dann ein Stück die Hauptstraße entlang, scharfe Bergabkurve, dann Unterführung.

Einmal falsch abgebogen, landet man im Hanffeld. So beginnen Krimis! Oder züchtet hier das Musikfestival Fusion, dass jeden Juli nebenan stattfindet, für den Eigenbedarf? Google sagt: Hanfsamen zum Essen, nichts mit eintuppern bis zur Legalisierung. Hinterm Hanf läuft es dann wie auf Schienen. Kein Wunder, der **Bahnradweg** ist ja eine ehemalige Eisenbahntrasse, heute ein breiter, sanft geschwungener Genussradweg. An dessen Ende verkündet ein Schild Mirow, Geburtsort der englischen Königin Sophia Charlotte.

Noch eine Brücke über die Müritz-Havel-Wasserstraße, rechts die üblichen Discounter, und in der Ortsmitte eine Kopfsteinpflasterstraße zur Müritz. Ein letzter Blick auf den See, ein Schloss und eine **Schlossbrauerei**. Prost!

Blick vom Dom in Röbel

Fauler Blick auf Röbel

Lohnt den Umweg: Straußenhof Brandt

RADELN & GENIEßEN

Traumhafter Badestrand in Klink

START

Bahnhof Waren

Vom Bahnhof durch die Stadt zum Hafen fahren, dann immer den Müritz-Radweg Richtung Klink entlang.

Hier schiebt man gerne: Feuchtbiotop kurz hinter Waren

KM 1,9

Lebensraum Verlandungszone

Enten gucken

Hier steigt man gerne ab. Auch weil das Fahren über die Holzplanken unangemessen laut erscheint. Direkt am Ortsausgang geht die Straße in eine Holzbrücke über, die ein Feuchtbiotop überspannt. Offiziell heißt das »Lebensraum Verlandungszone« und ist der Versuch, der Natur bewusst ein Stück zurückzugeben. Und die Natur hat kräftig zugegriffen. Dichtes Schilf steht rechts und links von der Holzbrücke, im Schutz der Vegetation brüten Enten. Reiher sind zu sehen, und irgendwo stakst sicherlich ein Kranich. Ein Naturerlebnis, für das man das Fahrrad gerne einmal ein paar Hundert Meter schieben kann.

Dem ausgeschildeten Radweg weiter folgen.

KM 25,5

3 Fischereihof Röbel

Heute mal wieder Fisch

Die Verpflegung auf der Seenplatte kann manchmal schon ein wenig monothematisch sein. Wohl der Fischbude, die da eine breite Auswahl von unterschiedlichen Fischen mit verschiedenen Marinaden und Soßen hat, wie der Fischereihof Röbel. Hier darf man gerne auch nachfragen, welcher Fisch fangfrisch ist, und sich etwas empfehlen lassen. Während man in den Flossenträger beißt, sitzt man auf einer windgeschützten Terrasse und kann den Blick über die Müritz schweifen lassen. Fischsuppe gibt es auch, und für Vegetarier Kartoffelsalat (www.mueritzfischer.de/fischerhoefe/fischerhof-roebel-mueritz).

Durch Röbel, in der Ortsmitte der Beschilderung Richtung Mirow folgen.

KM 7,9

2 Badestrand Klink

Planschen mit Ausblick

»Fahr bloß nicht nach Klink«, ruft so manch ein Müritz-Kenner. Und tatsächlich eilt dem Badeort der Ruf voraus, der Inbegriff des Massentourismus zu sein. Davon ist am Ufer jedoch kaum etwas zu merken. Fast beschaulich geht es da zu. Man kann sich auf eine Bank setzen und über Deutschlands größtes Binnengewässer blicken. Eine traumhafte Aussicht, die verständlich macht, warum hier das eine oder andere Hotel gebaut wurde. Wie wäre es mit einem kurzen Bad in der Müritz? Der Badestrand Klink ist einer der schönsten der Mecklenburger Seenplatte.

Konsequent den Müritz-Radweg nehmen, Richtung Röbel.

Fisch frisch vom Kutter

Frisch und regional: Der Hofladen Alte Tischlerei

KM 40,6

4 **Hofladen Alte Tischlerei**

Oder doch mal was anderes?

Wer auf der Seenplatte unterwegs ist, wird merken, dass Vegetarier oder gar Veganer nicht gerade große Auswahl auf der Speisekarte haben. Da kommt die Alte Tischlerei wie gerufen, die zwar auch ganz viel Lokales von der Schlachtbank hat, aber eben auch fleischlose Alternativen. Hier ist alles bio und regional, ob im Hofladen oder dem angeschlossenen Restaurant. Den weitesten Lieferweg hat wohl das legendäre Störtebecker-Bier aus Rostock, das es hier gleich in mehreren Ausführungen gibt. Achtung: Selbstbedienung (www.landwirtfrey.de/*-alte-tischlerei).

Weiter den ausgeschilderten Radweg Richtung Mirow wählen.

KM 43,6

5 **Bahnradweg**

Eisenbahnnostalgie

Eisenbahnenthusiasten wird es grämen, als Radelfreak ist man heilfroh, dass es Bahnradwege gibt. In Mecklenburg wurden etliche Bahntrassen rückgebaut und zu Radwegen umgewidmet. Die Strecke zwischen Rechlin und Mirow ist einer der schönsten und am besten ausgebauten Bahnradwege der Seenplatte. Nostalgiker kommen auf halber Strecke, kurz nach dem alten Flugplatz, auf ihre Kosten. Vorsichtig tastet man sich über die stählerne Eisenbahnbrücke, an der sichtlich der Zahn der Zeit nagt. Ein paar Sitzbänke gibt es auch, sodass man eine kurze Pause einlegen kann.

Am Ende des Bahnradweges links Richtung Mirow abbiegen.

Alte Eisenbahnbrücke zwischen Rechlin und Mirow

Schlosskirche Mirow

EXTRA INFOS:

Die Müritz von oben kann man vom Kirchturm des ● **Domes in Röbel** bewundern, das sind ungefähr 500 Meter Umweg.

Wer schon immer mal Straußenfleisch probieren wollte, kann von Röbel aus auf der Hauptstraße bleiben, links auf die B 198 einbiegen und beim ● **Straußenhof Brandt** auf kulinarische Entdeckungstour gehen (www.straussenhof-brandt.de).

KM 50,5

6 Schlossbrauerei Mirow

Hochherrschaftlich Prost

KM 51,5 » ZIEL

Bahnhof Mirow

An der Müritz kommt der Wind öfter mal kräftig aus der falschen Richtung. Da kann man sich zum Tourabschluss auch mal ein Bier gönnen. Zumal die Züge ab Mirow nur alle zwei Stunden fahren und die Chance, dass man ein paar Momente in Mirow totschlagen muss, groß ist. Wenn also Zeit ist, ab in die Schlossbrauerei Mirow, die sich dankenswerterweise auch in der Hauptsehenswürdigkeit der Stadt, der Schlossinsel, befindet. Zwei Fliegen mit einem Bier erschlagen, bei schönem Wetter auch auf der tollen Terrasse mit Seeblick. Falls der letzte Zug weg ist (unter der Woche fährt der letzte kurz nach 17 Uhr), kann man hier auch übernachten (www.alte-schlossbrauerei.de).

Zurück in die Ortsmitte, der Hauptstraße folgen und dann der Ausschilderung zum Bahnhof.

... und einen guten Appetit

AUF EINEN BLICK

- **Start:** Bahnhof Waren
- **Ziel:** Bahnhof Mirow
- **Strecke:** 51,5 km (Streckentour)
- **Reine Radelzeit:** 3 Std. bis 3 Std. 30
- **Höhenmeter:** ↗ 32 m, ↘ 30 m
- **Wegbeschaffenheit:** Sehr viele Feld- und Waldwege, die jedoch überwiegend sehr gut zu befahren sind. Entlang der Straßen gute abgetrennte Radwege und ein Traum von einem Eisenbahnradweg am Schluss.
- **Beste Zeit:** Frühling bis Herbst, auf jeden Fall bei Badewetter!
- **Mitnehmen:** Badezeug, der Badestrand Klink ist einer der schönsten an der Müritz.

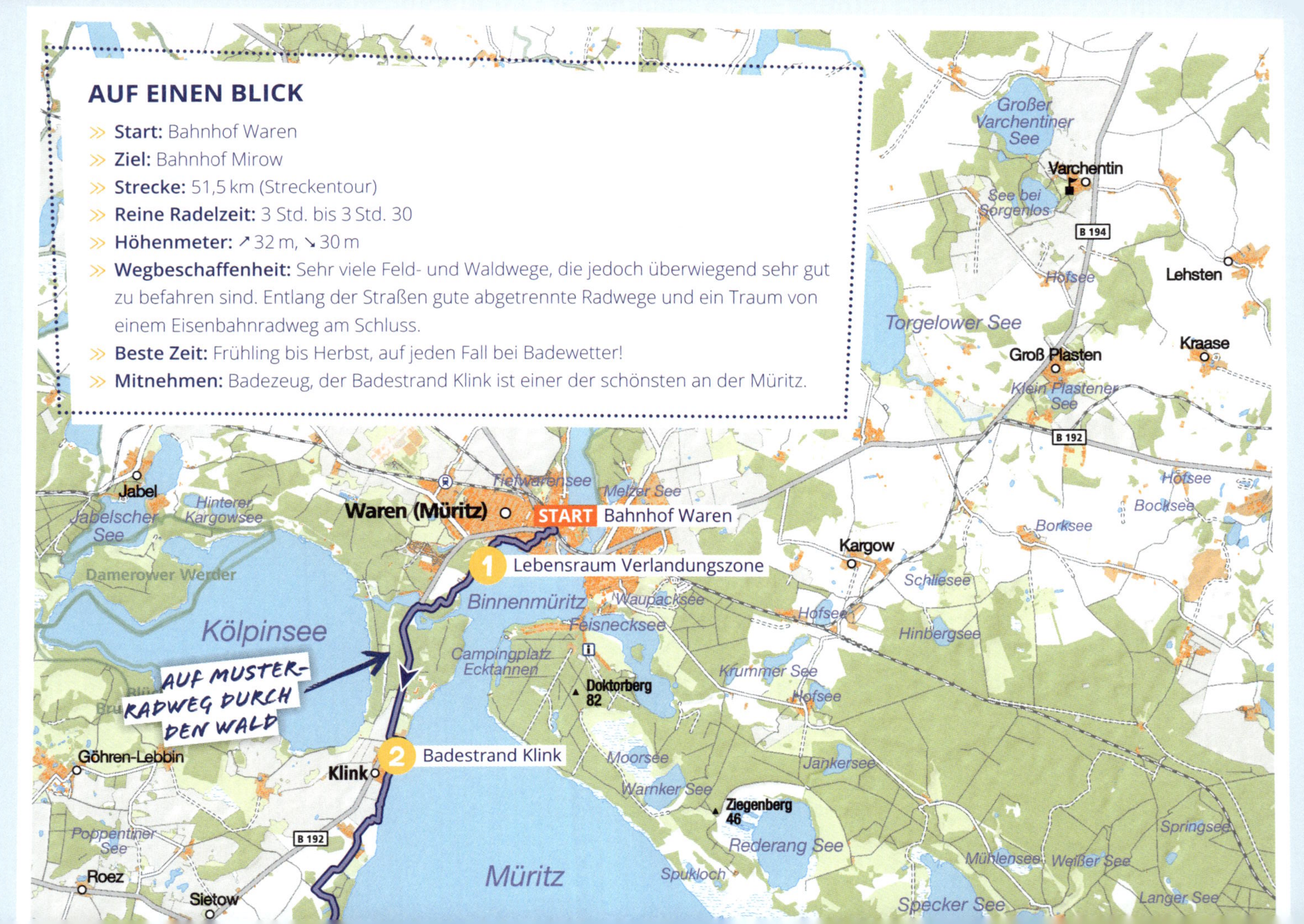

DER SCHÖNSTE UMWEG DER WELT
3 Fischereihof Röbel
Dom in Röbel
Röbel/Müritz
Straußenhof Brandt
4 Hofladen Alte Tischlerei
5 Bahnradweg
EISENBAHN-NOSTALGIE MIT BRÜCKE
ZUM ABSCHIED KOPFSTEIN-PFLASTER
6 Schlossbrauerei Mirow
ZIEL Bahnhof Mirow
Mirow
Gotthun
Groß-Keller See
Großer Schwerin mit Steinhorn
Röbeler Binnensee
Ludorf
Glinsee
Wackstower See
Bollewick
Karchower See
Solzow
Kleine Müritz
Vipperow
Rechlin
B 198
Kambs
Pribom
Melzer See
Melz
Demminer See
Mönchsee
Elde
Kieve
Buchholz
Müritzsee
Rönnbergsee
Müritzarm
Thüren
Sumpfsee
Lärz
Krümmel
Krümmeler See
Schwarzer See
Priesterbäker See
Pottlücht 93
Pagelsee
Krutzsee
Zotzensee
Havel
Rothsee
Caarpsee
Woterfitzsee
Prelitzsee
Müritzsteilufer bei Rechlin
Türzsee
Jäthensee
Claassee
Hofsee
C20 Campingplatz am Leppinsee
Schulzensee
Retzsee
Mössel
Großer Kotzower See
Kleiner Kotzower See
NSG
Granzower Möschen
Mirower See
Gründlowsee
Sühring
N
0 1 2 KM

DIE RADELPAUSEN

»START
Bahnhof Kratzeburg

KM 0,6
1 Fischerei Berkholz
Hinterhofgourmet

KM 6,2
2 Flussquelle
Havel, wo bist du?!

KM 13,3
3 Schliemann-Museum
Einen vom Pferd

13 Wo die Havel entspringt

Von Kratzeburg nach Neubrandenburg

Bis die Havel Berlin erreicht, fließt sie durch etliche Seen. Einige davon entdeckt man auf dieser anspruchsvolleren Tour mit viel Auf und Ab und tollen Ausblicken. Unterwegs macht man Schliemann die Aufwartung und lernt zudem so einiges über Hexen und Magie.

HIER SCHEINT DIE WELT ZU ENDE

Ein Bahnhof im Nirgendwo, so wirkt es. Unebenes Kopfsteinpflaster bis zur Hauptstraße, wenn man diese so nennen möchte. Steht hier irgendwo Gary Cooper? Nein, kein High Noon, dafür aber erst einmal eine Stärkung, Bahnfahren macht hungrig. Ein unscheinbares Schild, ein unaufgeräumter Hinterhof, aber lecker Forelle! Man ist versucht, sich bei der **Fischerei Berkholz** einen Räucherfisch mitzunehmen, aber es geht ja noch über die Endmoränen, und die Sonne brennt.

GANZ GEMÜTLICH GEHT'S DURCH DUFTENDE FARBENFROHE BLUMENWIESEN

Wo ist die Havel? Für einen Berliner leicht zu beantworten, in Berlin zumindest. Aber wo entspringt sie? »Hier!«, schreit die Infotafel zur **Havelquelle** ein paar Kilometer durch schöne Alleen und einige Blumenwiesen weiter. Ist aber nur die halbe Wahrheit. Eigentlich quillt sie rund um Kratzeburg überall aus dem Boden, bildet Seen und fließt dann gen Hauptstadt.

Das trojanische Pferd unter den Gewässern quasi, und eben ein solches steht ein paar Minuten weiter im Garten des **Schliemann-Museums**. Fotostopp vor Troja! Dann kurze Abfahrt, wieder hoch auf den nächsten Hügel, tolle Fernsicht, ein paar Alpakas am Wegesrand, immer wieder duftende Blumenwiesen.

Damit es nicht zu schön wird, gibt es auf dieser Tour auch Passagen, bei denen man die Wahl zwischen Kopfsteinpflaster und märkischem Sand hat. Letzterer ist zu bevorzugen. Penzlin kommt dann fast überraschend, ist aber ein schmucker Ort mit einer noch schmuckeren Burg. Von **Hexen** wird hier im **Museum** erzählt. Hinter Penzlin führt der Radweg dann an der Hauptstraße entlang, geizt aber nicht mit Ausblicken. **Neubrandenburg** voraus!

Genug mit der Bundesstraße, einmal quer durch das Neubaugebiet, und dann ist der Tollensesee erreicht. Wer hier im **Strandbad Breda** nicht in das strahlend blaue Nass springt, ist selbst schuld oder kann sich beim Beachvolleyball vergnügen. Kohlenhydrate lassen sich auch wieder auffüllend hier. Bis nach Neubrandenburg sind es nur noch ein paar Hundert Meter die Tollense entlang – so heißt der Fluss, der hier als Kanal firmiert und für den Zungenbrecher TollenSeSee verantwortlich ist. Kaffee an der Stadtmauer gefällig?

Ab Mai ist die Seenplatte ein Blütenmeer

Alpakas säumen öfter mal den Weg

Schliemann-Museum

RADELN & GENIEßEN

Bahnhof Kratzeburg

Vom Bahnhof auf die Hauptstraße, rechts, in den Ort, rechts dem Schild zur Fischerei folgen.

KM 0,6

1 Fischerei Berkholz

Hinterhofgourmet

Ist das hier richtig? Kommt da noch was? Ach ja, da stehen Tische und sitzen Leute. Und es sieht lecker aus, was da auf den Tellern liegt. Das Ladenhäuschen gleicht einem Tante-Emma-Laden. Nur, dass da Onkel Emma hinter dem Tresen steht. Was gibt es? Die Forelle sei zu empfehlen, und der hausgemachte Kartoffelsalat. Na, dann mal her damit. Schmeckt sehr lecker, das hätte man in Kratzeburg gar nicht vermutet, diesem Straßendorf. Dann kann es ja frisch gestärkt losgehen, auf der Suche nach der Havel! (www.fischerei-berkholz.de)

Wieder auf die Hauptstraße, dieser folgen und am Ortsende links abbiegen.

Die urige Fischerei Berkholz

Extra für Besucher eingefasst: Eine Quelle der Havel

Hier rutschen keine Griechen, sondern Kinder vom Pferd

KM 6,2

2 Flussquelle

Havel, wo bist du?!

Eigentlich nett vom Fremdenverkehrsamt, der Havel eine Quelle zuzuweisen. Nun gut, man stellt sich das spektakulärer vor, vor allem, wenn man die Havel aus Berlin kennt, wo sie als Wannsee einen auf breit macht. Eigentlich ist sie die meiste Zeit ihrer 334 Kilometer langen Existenz Teil des ein oder anderen Sees, und das fängt schon an der Quelle an: Eigentlich gibt es die eine Havelquelle nicht, sondern einen Quellsee, der ließe sich aber nicht so schön einfassen und vorzeigen. Drücken wir es so aus: Hier entspringt Wasser, das auch in die Havel fließt. Und da es an diesem Ort auch so recht schön ist und da auch noch eine Bank steht, ist das ein willkommener Stopp auf der Tour.

Weiter dem bisherigen Radweg folgen.

KM 13,3

3 Schliemann-Museum

Einen vom Pferd

So müssen sich die Trojaner gefühlt haben. Plötzlich steht da ein Pferd, rechter Hand, neben dem kleinen Backsteinhaus. Das weckt die Neugierde, vor allem, weil da eine Kinderrutsche aus dem Pferdeschweif ragt. Heinrich Schliemann also, hier in Ankershagen. Wieder etwas gelernt: Hier hatte Schliemanns Vater eine Pfarrstelle, in diesem Haus ist Deutschlands berühmtester Archäologe aufgewachsen. Eine kleine übersichtliche Ausstellung führt durch sein Leben, und im Garten ist ein sechs Meter hoher und zehn Meter langer Nachbau des Trojanischen Pferdes als Teil eines »archäologischen Spielplatzes« aufgestellt. Das ist doch einen Fotostopp wert! (www.schliemann-museum.de)

Den ausgeschilderten Radweg nach Penzlin nehmen.

Ziel in Sicht!

KM 33,7

5

Aussicht auf Neubrandenburg

Das Ziel im Blick

Auch mal schön! Man ist noch mehr als zehn Kilometer vom Ziel entfernt, kann es aber schon sehen und weiß: Jetzt geht es nur noch bergab. Lange Anstiege gibt es ja nicht auf der Seenplatte, aber die vielen Endmoränen können zuweilen auch nerven, wenn es ständig auf und ab geht. Da liegt es also, Neubrandenburg, rechts fällt der Blick auf den Tollensesee, das macht Laune, und Lust, sich auch den See einmal genauer anzusehen. Also: Ein letzter Schluck aus der Trinkflasche, Beine hoch und rollen lassen.

Am Ortseingang rechts in das Neubaugebiet einbiegen und auf den Wegen bis zum See radeln.

KM 23,8

4

Burg Penzlin

Mit Hexen und Zauberern per Du

Was für eine schöne Burg! Aber wer glotzt einen da herausfordernd an? Irgendein Kobold, oder was auch immer die Holzfigur darstellen soll. Das macht neugierig. Was sich wohl hinter den Burgmauern verbirgt? Ein Schild gibt Auskunft. Aha, ein Hexenmuseum. Oder, so die offizielle Bezeichnung: ein »kulturgeschichtliches Museum für Alltagsmagie und Hexenverfolgung«. Dafür kann man das Rad schon einmal abstellen. Mecklenburg verzeichnet mit fast 4000 Fällen eine überdurchschnittlich hohe Zahl an Hexenprozessen, erfährt man. Also besser keine magischen Momente auf der Radtour! (www.alte-burg.amt-penzliner-land.de)

Einmal zurück durch den Ort, und dann dem ausgeschilderten Radweg nach Neubrandenburg folgen.

Es grüßt die Hexe vorm Museum

KM 37,6

Strandbad Breda

Kühles Nass

Tollense. Schon mal gehört? Immerhin der wichtigste Nebenfluss der Peene, und die kennt man ja aus Peenemünde. Augenblicklich interessiert die Tollense aber nur, weil sie den Tollensesee bildet, und der ist einer der schönsten auf der Seenplatte. Da freut man sich, dass sich kurz vor Neubrandenburg eine Badestelle mit allen Annehmlichkeiten befindet. Es gibt einen schönen Sandstrand, einen Imbiss, man kann beim Beachvolleyball mal ein paar andere Muskeln trainieren – und vor allen Dingen: entspannt in den See springen. Von hier bis zum Bahnhof Neubrandenburg sind es gerade einmal drei Kilometer.

Den Tollense-Kanal entlangfahren bis zur Ringstraße, dieser links bis zum Bahnhof folgen.

EXTRA INFOS:

Hätte eigentlich einen eigenen Stopp verdient: Die ● **Gläserne Eismanufaktur Jackle und Heidi** in Penzlin. Allein der Name rechtfertigt die Empfehlung, das Eis ist dann ebenso ausgezeichnet wie das Design der Eisdiele (www.jackle-heidi.com/eismanufaktur).

KM 39,7 » ZIEL

Bahnhof Neubrandenburg

Am Strandbad Breda

AUF EINEN BLICK

- **Start:** Bahnhof Kratzeburg
- **Ziel:** Bahnhof Neubrandenburg
- **Strecke:** 39,7 km (Streckentour)
- **Reine Radelzeit:** 2 Std. 30
- **Höhenmeter:** ↗ 66 m, ↘ 116 m
- **Wegbeschaffenheit:** Für die kurze Strecke relativ viele Höhenmeter, ein ständiges Auf und Ab. Im ersten Drittel sehr viel Kopfsteinpflaster und Feldwege, ab Ankershagen dann vor allem Asphalt.
- **Beste Zeit:** Frühling bis Herbst.
- **Mitnehmen:** Badezeug, zum Ende der Tour winkt der Tollensesee.

Blankenhof
Kleiner See
B 104
Bahnhof Neubrandenburg ZIEL
Neuendorf
Neubrandenburg
6 Strandbad Breda
Datze
Mühlenteich
5
Aussicht auf Neubrandenburg
Lapitz
Passentin
Wulkenzin
Schlossruine Mallin
ALTES DORF, NEUBAUGEBIET UND GANZ VIEL WALD
Kukuksberg 74
Malliner See
Krukow
Fünfeichener Teiche
Großsteingrab Neubrandenburg
Chimborazo 55
Eismanufaktur Jackle & Heidi
4 Burg Penzlin
Penzlin
Lübkower See
Alt Rehse
Schloss Alt Rehse
Tollensesee
B 96
Klein Nemerow
Großer Stadtsee
Rosenholz und Zippelower Bachtal
Nonnenhof
Lieps
Hohenzieritz
Schloss Hohenzieritz
Ziemenbachtal
NSG
Stribbowsee
Hellberge 92
B 96
Burgunderberg 72
Wotielsee
Blumenholz
Mürtzsee
Langer See

DIE RADELPAUSEN

» START
Bahnhof Neubrandenburg

KM 0,2
1 Stadtmauer Neubrandenburg
Kleine Geschichtslektion

KM 0,45
2 Haus der Kultur und Bildung
Die Stadt aus der Vogelperspektive

KM 2,7
3 Forellenzucht Uhthoff
Frischer Fisch auf dem Teller

14 BERG- & TALBAHN

Von Neubrandenburg rund um den Tollensesee

Über Eiszeitmoränen durch alte Kulturlandschaft. Welch schöne Aussichten, auf den See und über schier endlos erscheinende Blumenwiesen und Felder! Historische Spuren entdecken und Natur genießen. Am Ende ruft ein erfrischendes Bad und winkt die Fischplatte.

KM 11,9
4 Alt Rehse
Schatten der Vergangenheit

KM 30,7
5 Klein Nemerow
Alte Geschichte mit Aussicht

KM 36,3
6 Augustabad
Baden mit Fontane, Schlemmen mit Ausblick

KM 41 » ZIEL
Bahnhof Neubrandenburg

WAS FÜR EINE AUSSICHT!

Vom **Haus der Kultur und Bildung**, aus der Vogelperspektive des 14. Stockwerks, offenbart sich die einmalige Stadtstruktur **Neubrandenburgs**: die die gesamte Innenstadt umspannende **Stadtmauer**. Und im Süden der Stadt der gleißend blau strahlende Tollensesee. Einmal um den See – das verspricht eine spannende wie entspannte Tour!

Kaum am See angekommen, die Qual der Wahl: Erfrischendes Nass im Strandbad Broda oder doch ein frisches Fischbrötchen in der **Forellenzucht Uhthoff**? Vielleicht erst einmal die Stärkung mit dem Flossenträger, denn der Uferweg, erstaunlich gut ausgeschildert, geht überraschend steil vom Ufer in den Wald. Auf den Lichtungen blüht so einiges, Mohn, Malven, Kornblumen und Disteln. Immer wieder scheint der Tollensesee durch das Blütenmeer. Die Eiszeit war hier ein wenig faul, es hügelt kräftig über die Moränen.

DER SCHÖNSTE MOMENT: WENN DIE MÜDEN BEINE IM SEE ABKÜHLEN

Beschaulich kommt **Alt Rehse** daher, eine Ansammlung von Fachwerkhäusern mit Schilfrohrdächern, von den Nazis zwischen 1934 und 1939 als Musterdorf errichtet. Politisch ebenfalls recht fragwürdig ist der Künstler, der am Ortseingang eine riesige Scheune zu Atelier und Politikmanifestation gemacht hat.

Kurz vor Prillwitz grüßen am Wegesrand Lamas aus ihrem Gelände, auf dem Lieps, dem See südlich des Tollensesees, haben Komorane eine Insel in Beschlag genommen. Das Stück an der Bundestraße ist glücklicherweise recht kurz, in Schussfahrt geht es zurück zum Tollensesee.

Am Ufer bei **Klein Nemerow** steht die eindrucksvolle Ruine des gleichnamigen Klosters. Entspannt und ohne weitere Höhenmeter geht es immer am Ufer entlang zurück nach Neubrandenburg. Der dichte Mischwald spendet Schatten, es duftet nach Pilzen.

Wenn's dennoch zu heiß wird: Das **Augustabad** kurz vor Neubrandenburg hat schon Theodor Fontane genossen.

Noch ein paar Kilometer an See und Kanal entlang, dann grüßt auch schon wieder die Stadtmauer. Kaltgetränk im Schatten der Mauer gewünscht? Das Zollhaus im Treptower Tor schenkt gerne aus. «

Lieber nicht umsteigen!

Blumen, wohin das Auge auch blickt

Der Tollense:
Trainingsstrecke der Kanuten

RADELN & GENIEẞEN

Bahnhof Neubrandenburg

Raus aus dem Bahnhof und über die große Kreuzung fahren, schon lohnt es sich wieder, anzuhalten.

Haus der Kultur und Bildung

KM 0,2

1 Stadtmauer Neubrandenburg

Kleine Geschichtslektion

Fast, ja fast umspannt die Stadtmauer die gesamte Innenstadt von Neubrandenburg. Nur im Norden durchbricht die Stargarder Straße gegenüber dem Bahnhof die besterhaltene Stadtbefestigung der Backsteingotik in Europa. Mit dem Rad kann man die Stadtmauer rundherum abfahren, sollte aber eine gesunde Kopfsteinpflastertoleranz oder ein voll gefedertes Rad mitbringen. Teil der Mauer sind die sogenannten Wiekhäuser, im 17. Jahrhundert als Wohnhäuser für die unteren Schichten errichtet. Im Zweifelsfall reicht auch ein kurzer Blick von der Stargarder Straße aus. Die Skulptur »Die Trauernde« erinnert vor dem Regionalmuseum an eine weniger schmeichelhafte Epoche: In Neubrandenburg stand ein Außenlager des KZ Ravensbrück, in dem vor allem russische und polnische Zwangsarbeiterinnen die »verhasste Arbeit« verrichten mussten.

Der Stargarder Straße 250 Meter Richtung Süden folgen. Das Hochhaus ist nicht zu übersehen.

Stadtmauer mit Wiekhaus

KM 0,5

2

Haus der Kultur und Bildung

Die Stadt aus der Vogelperspektive

Das Hochhaus, 56 Meter hoch und 1965 fertiggestellt, hat 14 Stockwerke und dankenswerterweise einen Aufzug. Der ächzt und knarzt und bringt den Besucher mit fast meditativer Langsamkeit auf die Aussichtplattform. Diese und die Rundumsicht hat man dann in der Regel für sich allein. So eindrucksvoll das Altstadtensemble mit Stadtmauer ist, wird doch deutlich, dass die Stadt im Zweiten Weltkrieg zu 80 Prozent zerstört wurde. Jenseits der Stadtmauer steht da nicht viel, was das Architektenherz höherschlagen ließe. Dafür kann man sich im Süden der Stadt die Route um den Tollensesee schon einmal von oben anschauen (www.vznb.de/veranstaltungshaeuser/haus-der-kultur-und-bildung).

Die Treptowerstraße Richtung Westen, durch das Treptower Tor in die Rostocker Straße und gleich danach am Oberbach entlang zum Tollensesee. Dann den Wegweisern nach.

Frisch geräuchert: Forellenzucht Uhthoff

KM 2,7

3

Forellenzucht Uhthoff

Frischer Fisch auf dem Teller

Auch wenn es ein paar Hundert Meter Umweg sind, sollte man sich diesen kulinarischen Stopp nicht entgehen lassen. Verfehlen kann man das Restaurant mit Fischladen nicht, der Pfeil am See ist nicht zu übersehen. Anders als der Name vermuten lässt, gibt es hier nicht nur Forelle aus eigener Zucht – auch wenn die eingelegte Forelle nach Matjesart und der geräucherte Forellensalat mit frischem Knoblauch eigentlich ein Muss sind –, sondern auch allerlei anderen frischen und geräucherten Fisch, zum Mitnehmen oder vor Ort im lauschigen Garten zu verspeisen. Für den schnellen Hunger gibt es auf Nachfrage auch ein Fischbrötchen auf die Hand (www.forellenzucht-uhthoff.de).

Zurück zum See und dann immer den ausgeschilderten Tollensesee-Radweg nehmen.

KM 11,9

Alt Rehse

Schatten der Vergangenheit

Auf den ersten Blick ist Alt Rehse ein schmuckes Dorf im typischen norddeutschen Stil, schnuckelige Fachwerkhäuser mit Reetdach. Nur Aufschriften wie »Haus Leipzig im 3. Jahre« irritieren. Gemeint ist das dritte Jahr der Machtergreifung der Nationalsozialisten. Wäre Alt Rehse nur ein Museumsdorf, könnte man das noch goutieren. Allerdings wurden zur gleichen Zeit Schloss und Gutspark auch die »Führerschule der Deutschen Ärzteschaft« und das Dorf hiermit zum Schulungszentrum für Rassenkunde und Euthanasie. Heute informiert die Initiative »Lern- und GeDenkOrt Alt Rehse« über die braune Vergangenheit des Ortes. Die Dauerausstellung »Alt Rehse und der gebrochene Eid des Hippokrates« informiert interessierte Besucher, Führungen durch den Ort können organisiert werden. (www.ebb-alt-rehse.de)

Den Wegweisern nach Prillwitz, Usadel und dann Klein Nemerow folgen. Achtung: Die Komturei liegt am Ende der Abfahrt in der Ortsmitte auf der linken Seite, wo die Straße eine Rechtskurve beschreibt.

Kunst an der Scheune, Alt Rehse

Ehemaliges Kloster Klein Nemerow

KM 30,7

Klein Nemerow

Alte Geschichte mit Aussicht

In ihrer wirtschaftlichen Blütezeit im 14. Jahrhundert gehörten acht Dörfer mit rund 100 Bauern und Kossaten (Kleinbauern) zur Komturei. Reichlich wenig ist übrig geblieben von der einstigen Größe, aber die imposante Ruine der alten Klosterscheune lässt erahnen, welche Macht einst von hier ausging. Heute hat sich die Natur auch einen Teil der Scheune zurückgeholt. Während die Vorderfront recht gut restauriert und herausgeputzt ist, ziert auf der Rückseite viel Grün die Mauern. Und der Blick von der Anhöhe auf den Tollensesee ist nur eine Kopfdrehung entfernt.

Immer am See entlang, der Ausschilderung »Neubrandenburg« nachfahren.

KM 36,3

6 Augustabad

Baden mit Fontane, Schlemmen mit Ausblick

Rein ins kühle Nass! Und das mit Blick auf Neubrandenburg. Das hatte es schon Theodor Fontane angetan, der hier – wie man gerne erzählt – 1897 mehrere Tage mit Familie verbrachte. Sozusagen das etwas mondänere Gegenstück zum gegenüberliegenden profanen Strandbad Broda. Dort Imbissbude und Beachvolleyball, hier gepflegtes Planschen mit gehobener Gastronomie. Falls die Tour Appetit gemacht hat: Das Augusta's Seerestaurant & Café hat eine Terrasse mit Blick auf den See und gutbürgerliche Küche (www.augustas-nb.de).

Weiter den See entlang bis zum Oberbach und dann auf bekannter Route zurück zum Bahnhof.

EXTRA INFOS:

Am Westufer des Tollensesee zwischen Strandbad Broda und Alt Rehse gibt es weitere Einkehrmöglichkeiten (z. B. den ● **Waldkiosk Gatsch Eck** am gleichnamigen Campingplatz, www.camping-gatsch-eck.de, oder das ● **Bistro Alt Rehse**, www.park-am-see.de/kulinarik/bistro-alt-rehse).

Kommt der Zug erst in einer Stunde, verkürzt das ● **Zollhaus im Treptower Tor** (www.facebook.com/Zollhauscafeund-laden) die Wartezeit mit Speis und Trank.

KM 41 » ZIEL

Bahnhof Neubrandenburg

Das Augustabad

AUF EINEN BLICK

- **Start:** Bahnhof Neubrandenburg
- **Ziel:** Bahnhof Neubrandenburg
- **Strecke:** 41 km (Rundtour)
- **Reine Radelzeit:** 3 Std.
- **Höhenmeter:** ↗ 142 m, ↘ 142 m
- **Wegbeschaffenheit:** Ein Drittel Asphalt, kurz hinter dem Strandbad Broda Betonplatten, der Rest gut bis sehr gut zu befahrener Feldweg. Für einen Seerundweg erstaunlich viele Höhenmeter, einige Anstiege sind relativ steil.
- **Beste Zeit:** Im Frühsommer Blütenmeer fast auf der ganzen Strecke. Auf jeden Fall viel Zeit zum Fotografieren und von Juni bis September auch zum Baden mitbringen.
- **Mitnehmen:** Badezeug.

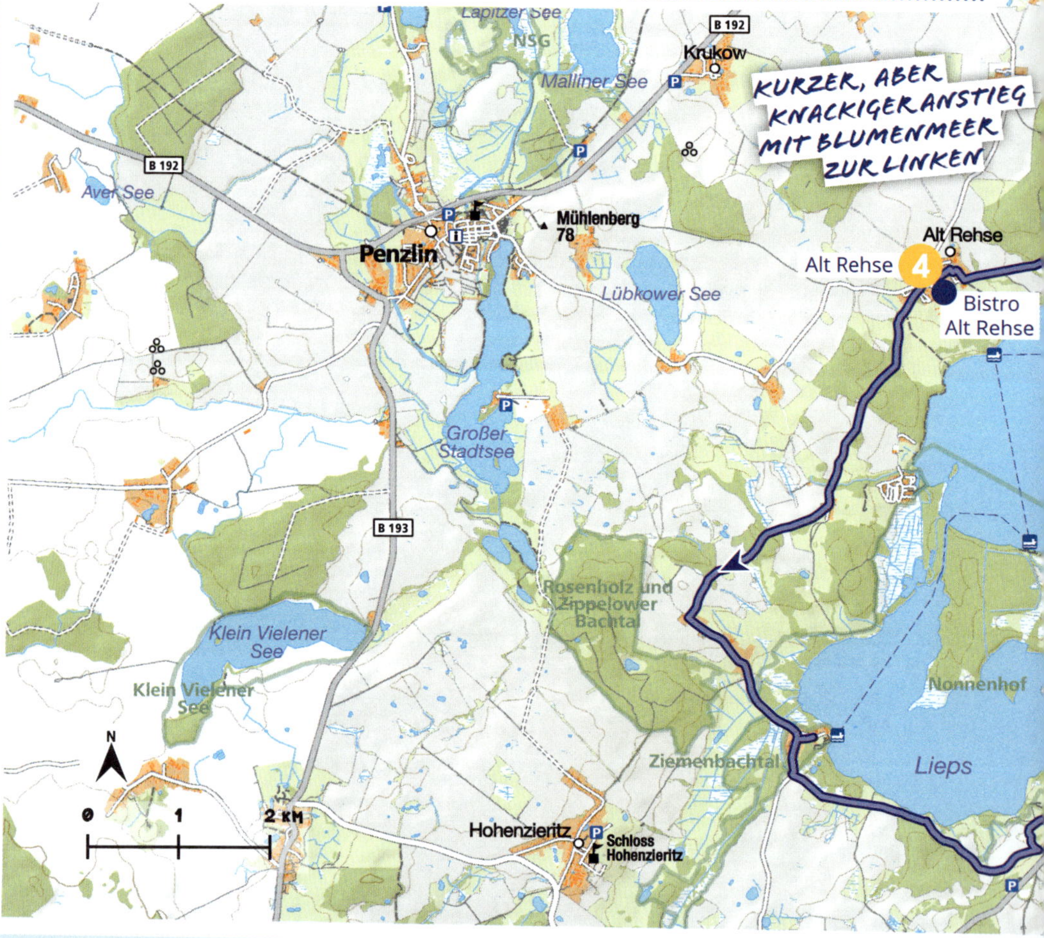

KURZER, ABER KNACKIGER ANSTIEG MIT BLUMENMEER ZUR LINKEN

Alt Rehse 4

Bistro Alt Rehse

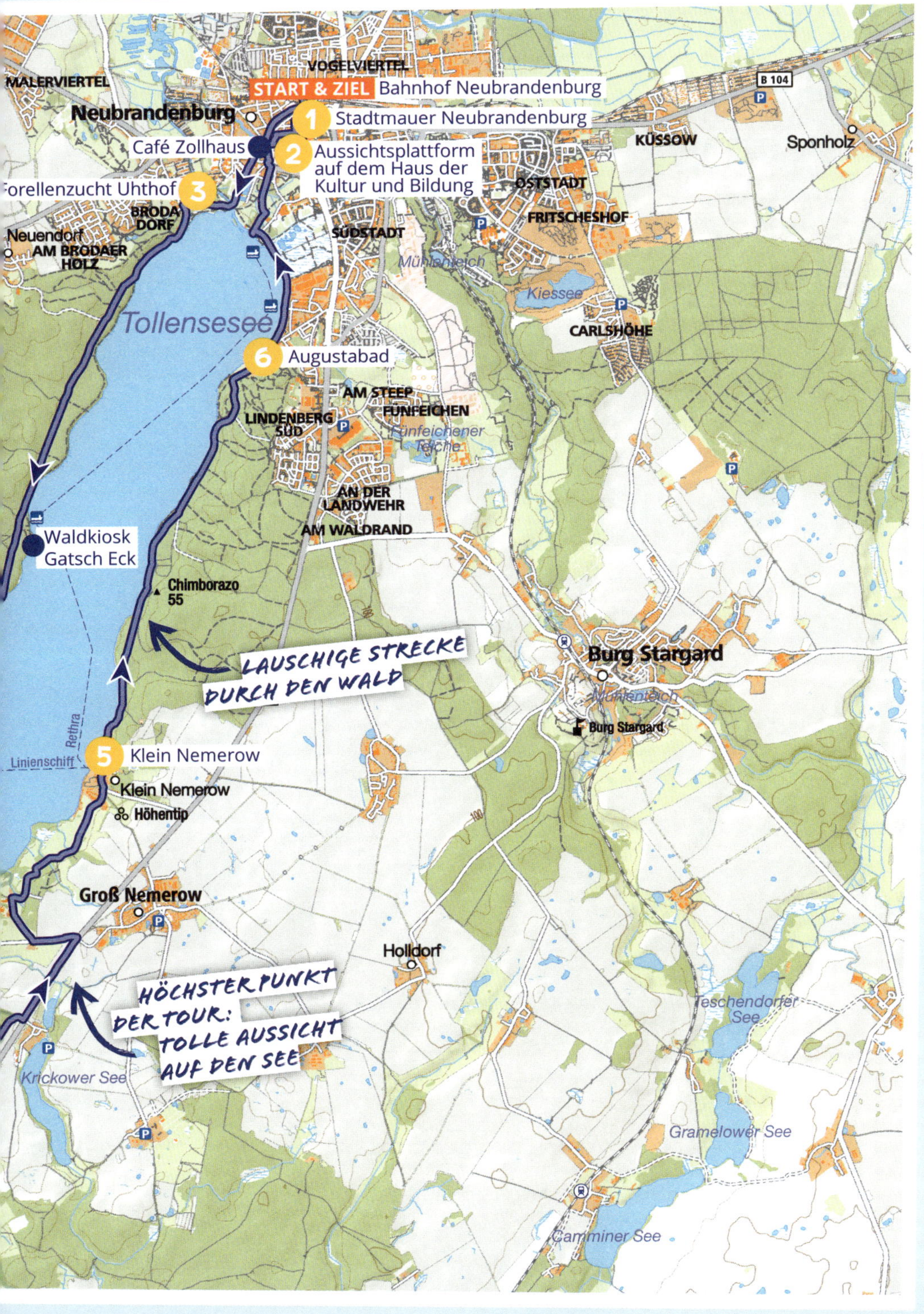

START & ZIEL Bahnhof Neubrandenburg
1 Stadtmauer Neubrandenburg
2 Aussichtsplattform auf dem Haus der Kultur und Bildung
3 Forellenzucht Uhthof
Café Zollhaus
6 Augustabad
Waldkiosk Gatsch Eck
5 Klein Nemerow
LAUSCHIGE STRECKE DURCH DEN WALD
HÖCHSTER PUNKT DER TOUR: TOLLE AUSSICHT AUF DEN SEE
Neubrandenburg
VOGELVIERTEL
MALERVIERTEL
B 104
KÜSSOW
Sponholz
OSTSTADT
FRITSCHESHOF
SÜDSTADT
BRODA DORF
Neuendorf
AM BRODAER HOLZ
Tollensesee
Mühlenteich
Kiessee
CARLSHÖHE
AM STEEP
FÜNFEICHEN
LINDENBERG SÜD
Fünfeichener Teiche
AN DER LANDWEHR
AM WALDRAND
Chimborazo 55
Burg Stargard
Mühlenteich
Burg Stargard
Rethra
Linienschiff
Klein Nemerow
Höhentip
Groß Nemerow
Holldorf
Teschendorfer See
Krickower See
Gramelower See
Camminer See

DIE RADELPAUSEN

»START
Bahnhof Neustrelitz

KM 2
1 Altes Waschhaus
Saubere Wäsche

KM 3,6
2 Alter Bootssteg
Wackeliger Franzose

KM 7,5
3 Findlingswiese
Gruß aus der Eiszeit

15 BAROCK & GALOPP

Von Neustrelitz um den Zierker See

Eine abwechslungsreiche Runde um den Zierker See. Kaum Verkehr, unberührte Natur, schöne Alleen. Am Wegesrand grüßen Pferde und Kühe. Und auch Neustrelitz überrascht mit seiner sternförmigen Stadtarchitektur und dem schönen Schlossgarten.

EINMAL UM DEN KREISEL ...

... und dann laufen lassen! Mit einer kleinen Schussfahrt beginnt die Tour, und dann muss man aufpassen, dass man den Abzweig Richtung Barock nicht verpasst. Eine Kleinstadt mit riesiger barocker Anlage, das wirkt ein wenig seltsam, sieht aber gut aus. Vor allem die Sichtachse hin zum Zierker See. An deren Ende ein kleines barockes Häuschen, ins Wasser gebaut. Genau: das **Waschhäuschen**. Putzig!

AUTOFREI GEHT'S DURCH DICHTEN WALD UND ENTLANG WUNDERBARER ALLEEN

Am See entlang führt der Radweg, aber erst muss man das Rad über eine steile Brücke tragen. Dann wird es aber weniger mühsam, der Waldweg ist eben, es rollt gut, riecht nach feuchtem Laub, man kann die Lungen mit frischer Luft füllen. Es radelt sich so dahin, da kann man schon einmal den unscheinbaren Abzweig nach rechts verpassen. Also umdrehen, den Wald scannen. Da ist er, und ein paar Meter weiter der **Franzosensteg**, ein halb verfallenes Häuschen, zu dem knarzende Holzplanken führen. Was es damit wohl auf sich hat?

Wieder zurück auf dem Rundweg, hört der Waldweg unvermittelt auf und es geht auf eine große Straße. Ein paar Hundert Meter später aber auch wieder hinunter. Von hier an fast ohne Autos auf schöner Nebenstraße um den See. Dann wieder einmal ein unscheinbarer Abzweig, ein wenig den Berg hoch bis zu einer Lichtung, auf der unzählige große und kleine Steine drapiert sind: die **Findlingswiese**.

Wer Alleen und Pferde liebt, kommt auf der anderen Seite des Sees auf seine Kosten. Auf der einen Seite eine wunderbare **Allee**, deren Baumkronen in der Sonne glänzen. Einmal umgedreht, und der Blick fällt auf eine sattgrüne Wiese, auf der sich ein paar Pferde ein Wettrennen liefern. Die Kühe ein paar Meter weiter lassen es da ruhiger angehen.

Erst schnurgerade und dann mit einem kleinen Schlenker geht es zurück nach **Neustrelitz**. Sternförmig laufen die Straßen auf den riesigen **Rathausplatz** zu. Am Hafen dann eine Bratwurst und ein Bier im **Schiffsbistro**. «

Es muss nicht immer das Stahlross sein

Auch hier wird gepilgert

Allee am Zierker See

RADELN & GENIEßEN

START

Bahnhof Neustrelitz

Vom Bahnhof zum Kreisverkehr, zweite Ausfahrt nehmen, dann zum See rollen lassen.

AUSFLUG NACH CHINA MIT KAFFEE UND KUCHEN

Chinoiserie am See: Altes Waschhaus

KM 2

Altes Waschhaus

Saubere Wäsche

Ganz schön viel Schnickschnack für so etwas Profanes wie das Waschen von Kleidung. Aber irgendwie musste das großherzogliche Wäschespülhäuschen ja zum Schlosspark passen. Der kleine Pavillon wurde 1821 erbaut und chargiert irgendwo zwischen Barock und pseudochinesischem Stil. Was jetzt nicht abfällig gemeint ist, sondern architektonisch tatsächlich funktioniert. Die Lage direkt am beziehungsweise im See tut ihr Übriges. Ein wunderschöner Platz, um auf den Zierker See zu blicken. Die gute Nachricht: Schmutzige Wäsche wird hier nicht mehr gewaschen, dafür gibt es Kaffee und Kuchen.

Mit dem Rad über die Brücke, dann immer den See entlangfahren.

Was vom Franzosensteg übrig ist

KM 7,5

3 Findlingswiese
Gruß aus der Eiszeit

Riesige Hinkelsteine darf man nicht erwarten. Eher eine putzige Ansammlung von kleinen Findlingen und ein paar Informationen über die verschiedenen Findlingstypen und ihre Entstehung. Für Kinder gibt es einen »Wühlberg für kleine Geologen«, sie dürfen sich ein paar Steine mitnehmen, aber nicht mehr als drei. Keine Aha-Sehenswürdigkeit, aber ein netter kleiner Stopp. Und die einzige kleine Bergprüfung des Tages: Der 1987 eingerichtete Findlingsgarten liegt auf einer Lichtung, für die man ein paar Meter nach oben radeln muss.

Bergab zur Straße, der weiter um den See folgen.

KM 3,6

2 Alter Bootssteg
Wackeliger Franzose

Man muss ihn schon suchen, den Abzweig, der nicht nur schlecht ausgeschildert ist, sondern auch noch von dichter Vegetation versteckt wird. Findet man ihn und folgt ihm, ist nach ein paar Metern schon wieder Schluss, an einem halb verfallenen Holzhäuschen und einem ziemlich zerfallenen Holzsteg. Warum Franzosensteg? Der Steg, der ursprünglich in den See führte, wurde im Ersten Weltkrieg von französischen Kriegsgefangenen gebaut. Heute kommt man nicht mehr weit, es ist eher ein Lost Place. Aber was für einer! Rad abstellen, hinsetzen und die Stille genießen.

Zurück zum Weg, diesem bis zur Straße folgen, dann rechts auf die Nebenstraße einbiegen.

Was die Eiszeit übrig ließ

Das Rathaus Neustrelitz

KM 27,5

5

Marktplatz Neustrelitz

Barocker Stern

Neustrelitz wurde Ende des 18. Jahrhunderts als barocke Planstadt und Großherzogsresidenz angelegt. Besonders deutlich wird der sternförmige Grundriss auf dem Marktplatz, auf den alle Straßen sternförmig zulaufen. Insgesamt acht Straßen kommen hier zusammen, mit der Schlossstraße auch die Einkaufsmeile der Stadt. Der Platz liegt zudem etwas erhöht, sodass man die Sichtachse zu Schlosspark und Hafen genießen kann. Vor dem Rathaus wehen bunte Fahnen. Wie wäre es mit einer Extrarunde ums Rondell?

Die Sichtachse bergab rollen lassen, rechts abbiegen.

KM 11,1

4

Eine Biegung weiter

Allee mit Pferden

Man muss kein Pferdenarr sein, um spontan vom Drahtesel zu springen. Es hat schon etwas Anmutiges, wie die Paarhufer da über die Koppel rennen. Fahrräder sind sie anscheinend gewohnt, denn sobald man absteigt, kommt das eine oder andere Pferd neugierig an den Zaun und scheint einen kleinen Plausch halten zu wollen. Fotoscheu sind sie glücklicherweise auch nicht. Wer so gar nichts mit Pferden anfangen kann: Einfach den Blick auf die schöne Allee genießen und ein wenig durchschnaufen. Schöner wird es nicht.

Weiter der Allee folgen, dann auf der Hauptstraße zurück Richtung Neustrelitz fahren.

Kühe weiden hier auch, die Pferde sehen schöner aus

KM 28,2

6 Schiffsbistro

Snack am Hafen

Es gibt am Hafen einige Möglichkeiten, die Radtour bei einem Getränk oder mit einer Mahlzeit ausklingen zu lassen. Man kann sich gemütlich vor das Live-Hafenrestaurant setzen, schick im alten Kornspeicher dinieren, am urigsten ist es allerdings am Schiffsbistro. Da gibt es das Getränk in die Hand und die Bratwurst ins Brötchen. Keine Haute Cuisine, einfach nur norddeutsch bodenständig. Originell das Setting in einem an Land gesetzten alten Kahn, getoppt von einer Piratenflagge, die statt Schädel und Knochen Teller und Besteck zeigt.

Einmal im Uhrzeigersinn um den Schlosspark, und dann der Straße bergauf bis zum Bahnhofskreisel folgen.

EXTRA INFOS:

Für den Mittagsstopp empfiehlt sich das ● **Café Prälank** auf der anderen Seeseite. Bei warmem Wetter kann man hier gut draußen sitzen und sich ein leckeres Mittagessen oder Kaffee und Kuchen gönnen (www.hotel-cafe-praelank.de).

KM 30 » ZIEL

Bahnhof Neustrelitz

Bodenständig: Das Bistro am Hafen

AUF EINEN BLICK

- **Start und Ziel:** Bahnhof Neustrelitz
- **Strecke:** 30 km (Rundtour)
- **Reine Radelzeit:** 2 Std.
- **Höhenmeter:** ↗ 58 m, ↘ 58 m
- **Wegbeschaffenheit:** Die ersten fünf Kilometer am See entlang Waldweg, aber leidlich gut zu fahren. Danach vorwiegend asphaltiert. Kaum Steigungen, es rollt gut.
- **Beste Zeit:** Frühling bis Herbst.
- **Mitnehmen:** Ein offizieller Badesee ist der Zierker See nicht, Badezeug im Gepäck kann aber nicht schaden.

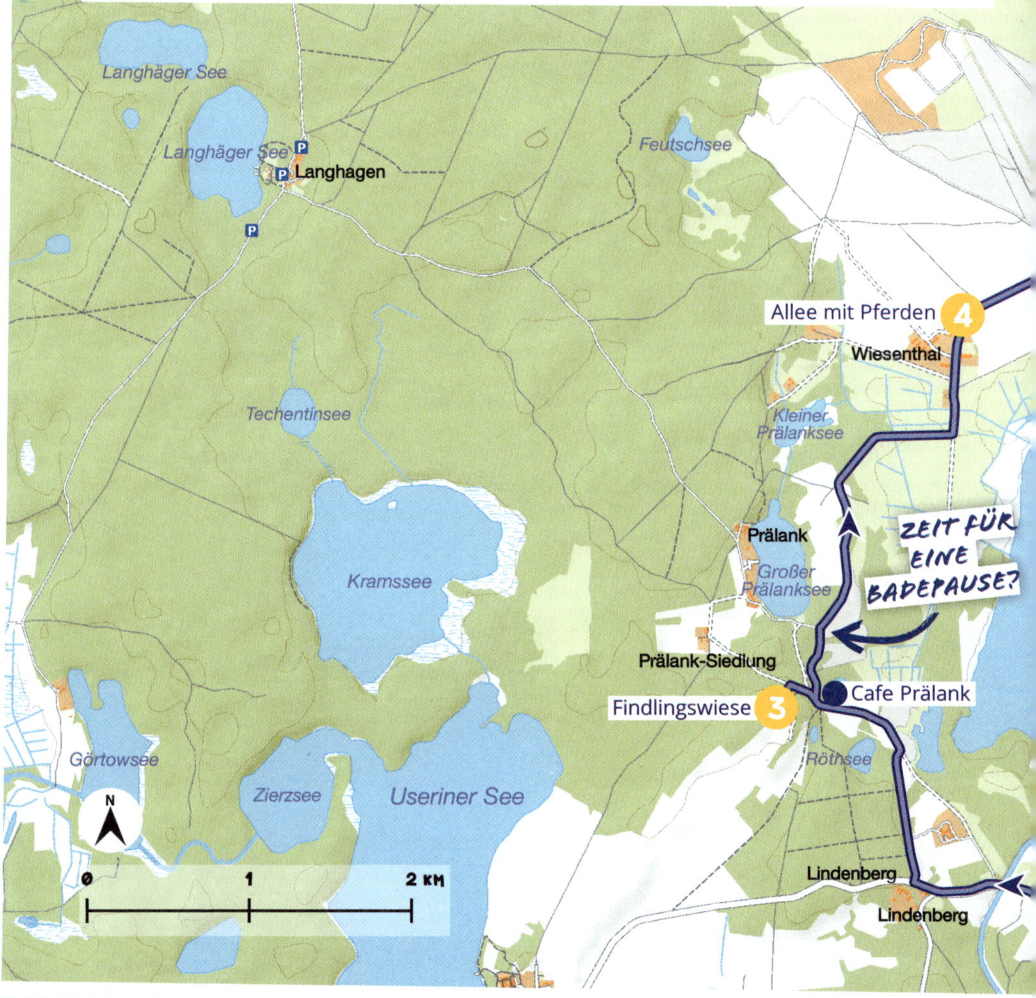

ES GEHT DURCH DEN WALD
Blumenholz
B 96
Mürtzsee
Blumenhagen
Weisdin
Mittelsee
Langer See
Krebssee
B 193
ZIERKE
Neustrelitz
Glambecker See
Zierker See
Schiffsbistro 6
5 Marktplatz Neustrelitz
1
START & ZIEL Bahnhof Neustrelitz
Altes Waschhaus
KIEFERNHEIDE
FOTOSTOPP MIT SLAWENDORF
B 96
B 198
2
Alter Bootssteg
Kleiner Bürgersee
Feldberger Seenlandschaft

DIE RADELPAUSEN

» START
Bahnhof Neustrelitz

KM 1,3

Schlossgarten Neustrelitz
Über den Park schauen

KM 6,7

2

Galerie der Verfemten
Naturkunst erleben

16 Skulpturen an See & Schloss

Von Neustrelitz nach Mirow

Eine Tour für den entspannten Nachmittag, kaum Höhenmeter, ganz viel Natur, Wasser, gutes Essen und als Sahnehäubchen eine Prise Kunst dazu. Und wer Lust hat, kann sich in Neustrelitz noch die volle Ladung Barock geben.

Fischerei Wesenberg
Imbiss mit Seeblick

KM 25,5

Großer Weißer See
Mit Skulpturen baden

KM 35,9

Schloss Mirow
Seltsame Gestalten

Bahnhof Mirow

SO VIEL BAROCK!

Das hätte man nicht erwartet. Da kann man noch so viel lesen, dass **Neustrelitz** ein Barockstädtchen ist, die Größe der **Schlossanlage** überrascht dann doch. Jetzt nur nicht der Versuchung erliegen, den Schlosspark bis zum See zu rollen, sonst muss man das alles wieder hoch. Die Seeroute kommt an anderer Stelle!

Nun heißt es erst einmal, aus der Stadt herauszukommen, und das zieht sich ein wenig. Immerhin, Humor hat man in Neustrelitz: »Wenn möglich bitte wenden!«, steht am Ortsausgang. Die Wesenberger Chaussee begleitet ein gut ausgebauter, abgetrennter Radweg. Ein Wegweiser, eine Versuchung: Der **Naturlehrpfad Kalkhorst** wird angekündigt. Ein kleiner Umweg, und man steht auf einer kleinen Lichtung, saugt die Waldluft ein und lernt eine Menge über Biber und Co. Lohnt sich!

TIEF EINATMEN IM WALD, DORT, WO DER BIBER GRÜSST

Zurück an der Hauptstraße stochern ein paar Störche auf einer Aue nach Essbarem. Ein Snack wäre jetzt auch nicht schlecht. Bratwurstbude: geschlossen. Eisdiele: geschlossen. Ein kleines Boot als Wegweiser verspricht eine **Fischbude**. Kurz darauf sitzt man mit Fischbrötchen am Woblitzsee, Kartoffelsalat gibt es auch. Badezeug dabei?

Zusätzlich locken am nahen **Großen Weißen See** (der weder groß noch weiß ist) das kühle Nass und ein Skulpturenpark, den man aber eine Weile suchen muss. Auf dem Weg dorthin radelt man durch das beschauliche Städtchen Wesenberg, das an der Burg einen Biergarten hat, wo es – laut Eigenwerbung – »kein Dosenfutter« gibt. Es tutet, die Bimmelbahn verspricht die Abkürzung, aber die Versuchung, nach Mirow weiterzuradeln, ist größer.

Noch zehn angenehme Kilometer auf Radweg mit Flüsterasphalt durch den Wald und über die Felder, dann begrüßt einen **Mirow** mit Müritz, **Schloss** und ein paar seltsamen Figuren, die sich als Kunstinstallation entpuppen. Fotostopp, und dann darf es gerne die Bimmelbahn zurück nach Neustrelitz sein.

Der Wolf ist zurück!

Figur im Schlosspark Neustrelitz

Biergarten am Hafen Wesenberg

RADELN & GENIEßEN

Bahnhof Neustrelitz

Vom Bahnhof zum Kreisverkehr radeln, zweite Ausfahrt nehmen, an der Schlosskirche links halten.

Schlosskirche Neustrelitz

KM 1,3

1 **Schlossgarten Neustrelitz**

Über den Park schauen

Neustrelitz war einst großherzogliche Residenzstadt, das sieht man. Während die meisten Barockstädtchen deutlich älter sind, wurde Neustrelitz erst Mitte des 18. Jahrhunderts errichtet. Übrig geblieben aus dieser Zeit sind die sternförmige Stadtstruktur und der Schlossgarten mit Schlosskirche und allerlei barocken Statuen, die den Park bevölkern. Das Schloss selbst steht nicht mehr, eindrucksvoll ist jedoch der Blick von der Schlosshöhe über den Park auf den Zierker See. Es juckt in den Füßen, durch den Park zum See zu fahren. Auf der Anhöhe zu bleiben, spart aber viele Körner (www.neustrelitz.de).

Auf die Parkstraße, und dann immer geradeaus fahren.

Zu Unrecht verfemt: Der Biber

Es ruft der Fisch

KM 22,8

3 Fischerei Wesenberg

Imbiss mit Seeblick

Das große Holzboot an der Straße hat es schon angekündigt: Hier gibt es frischen Fisch. So weit, so gut. Vom Traumblick stand da nichts, und der ist eine schöne Überraschung. Also schnell rein an die Verkaufstheke, ein Fischbrötchen oder einen lauwarmen Kartoffelsalat und ein Getränk holen, und dann einen der Außenplätze, wunderbare Holzbänke und -tische mit Blick auf den See, sichern. Ganz schön groß, der Wöblitzsee, der, wie so viele an der südlichen Mecklenburgischen Seenplatte, von der Havel gespeist wird (www.fischerei-wesenberg.de).

Auf der Königin-Luise-Route die Beschilderung Richtung Weißer See als Kompass nehmen.

KM 6,7

2 Galerie der Verfemten

Naturkunst erleben

Es erfordert ein wenig Überwindung, vom gut ausgebauten Radweg dem Schild zum Naturlehrpfad Kalkhorst zu folgen. Der Waldweg zieht sich ein wenig, die zwei Kilometer müssten doch schon vorbei sein! Dann eine Lichtung, und ein Metallbiber grüßt. Daneben heult ein Wolf, glücklicherweise auch nur aus Metall. Und dann auch noch ein Kormoran, der seine Schwingen ausbreitet. Es wird klar: Es geht um Tiere, die der Mensch in der Geschichte gemeinhin als schädlich betrachtet hat. Und darum, zu erklären, warum das falsch ist. Das ist didaktisch super gemacht, und man bekommt die kleinen Metallgesellen richtig lieb. Wunderbar still ist es auf der Lichtung auch.

Zurück auf die Hauptstraße, dann Richtung Voßwinkler Schleuse strampeln.

Fisch im Biss, See im Blick

KM 25,5

4

Großer Weißer See

Mit Skulpturen baden

Rein ins kühle Nass und danach ein wenig Kunst! Der Badestrand am Großen Weißen See ist nicht groß, aber schön genug, um eine kurze Badepause zu machen. Groß ist der See eigentlich auch nicht, man könnte theoretisch bis zum Skulpturenpark auf der anderen Seite schwimmen und würde sich so das Kopfsteinpflaster sparen. Seit 2016 stehen hier 23 großformatige Skulpturen an einem Rundweg, regelmäßig finden auch Ausstellungen und Konzerte statt. Einen kurzen Rundgang zum Trocknen ist das auf jeden Fall wert! (www.sculpture-park-wesenberg.de)

Weiter auf dem ausgeschilderten Radweg Richtung Mirow radeln.

Badehose dabei?

Exotische Kunst am See

UND NACH EINEM ERFRISCHENDEN BAD NOCH EIN WENIG KUNST SCHAUEN

EXTRA INFOS:

Für diejenigen, die nicht so scharf sind auf Fisch: Der ● **Biergarten am Hafen** bietet die übliche gute Imbisskost und ein paar schattige Sitzbänke an der Burg Wesenberg (www.altes-hospital.de).

KM 35,9

5 Schloss Mirow

Seltsame Gestalten

KM 37,2 » ZIEL

Bahnhof Mirow

Noch mehr Kunst. Und wieder sind es Skulpturen, die die Aufmerksamkeit erregen. Übersehen kann man die Kuttentypen nicht, die da vor dem Unteren Schloss kauern. Was es damit auf sich hat? Lange Zeit wollte die Stadt Mirow das Schloss unbedingt verkaufen, beschloss dann aber 2021, es selbst zu nutzen. Das Ergebnis sind wechselnde Kunstinstallationen im Inneren des Schlosses und eben diese drei goldglänzenden Kuttenträger vor dem Schloss. Sie stellen die »Wächter der Zeit« dar und stammen vom Künstler Manfred Kielnhofer. Ob sie dort stehen bleiben, ist noch ungewiss, Kunst wird es aber immer geben, im und um das Untere Schloss, dem Geburtsort der späteren englischen Königin Sophie Charlotte.

Vor der Brücke links und dann gleich wieder links auf den kleinen Weg in Richtung Bahnhof einbiegen.

Kunstinstallation vor dem Schloss Mirow

AUF EINEN BLICK

- **Start:** Bahnhof Neustrelitz
- **Ziel:** Bahnhof Mirow
- **Strecke:** 37,2 km (Streckentour)
- **Reine Radelzeit:** knapp 2 Std. 30
- **Höhenmeter:** ↗ 29 m, ↘ 32 m
- **Wegbeschaffenheit:** Die Stadtausfahrt Neustrelitz nervt ein wenig, dann aber auf ganzer Strecke gut angelegte Radwege, meist asphaltiert. In Wesenberg, Mirow und am Weißen See einige Hundert Meter Kopfsteinpflaster. Kaum Steigungen.
- **Beste Zeit:** Frühling bis Herbst.
- **Mitnehmen:** Badezeug, Mückenschutz.

START Bahnhof Neustrelitz
1 Schlossgarten Neustrelitz
HEISST SO UND SIEHT AUCH SO AUS: PAPPELALLEE
REGER SCHLEUSEN-VERKEHR
2 Galerie der Verfemten
3 Fischerei Wesenberg
Biergarten am Hafen
Skulpturenpark am Weißen See
4
HIER KOMMT DIE BIMMELBAHN
Neustrelitz
Zierker See
ZIERKE
Glambecker See
STRELITZ-ALT
Feldberger Seenlandschaft
Kleiner Prälanksee
Großer Prälanksee
Buteberg 88
Kleiner Bürgersee
Kammerkanal
Userin
Useriner See
Woblitzsee
Havel
Großer Labussee
Wolfsfang
Tiefer Trebbower See
Kluger See
B 198
Belower Teerofen
NSG
NSG Rotemoorsee
Krummer See
Drewensee
Wesenberg
Zirtow
Zirtowsee
Pomelsee
B 122
Kleiner Wangnitzsee
Wangnitzsee
Finowsee
Nordufer Plätlinsee
Plätlinsee
Peetschsee
Rätzsee
Krummer Woklowsee
Heegesee
Drosedow
Großer Priepertsee
Feutschsee
Techentinsee
Kramssee
Zierzsee
Wenschsee
Großer Eichhorstsee
Krummer See
Rohrsee

DIE RADELPAUSEN

»START
Bahnhof Neustrelitz

KM 0
1 Bahnhofsfiguren
Freundlich Grüßen

KM 9
2 Welterbe Serrahner Buchenwald
Buchen suchen

KM 11,5
3 Waldcafé
Ein Stück Kuchen genießen

17 DIE MAGIE DER BUCHEN

Von Neustrelitz nach Blankensee

Wohl eine der schönsten Touren der Mecklenburger Seenplatte! Ehrfurcht erregend der uralte Buchenwald bei Serrahn, UNESCO-Welterbe. Idyllisch das vom Wasser umgebene Feldberg. Und zum Abschluss wartet noch ein Radeltraum von Bahnradweg.

KM 23,1
4 Rundkirche Dolgen
Zur Abwechslung ohne Ecken

KM 32
5 Fischladen Seenfischerei Feldberg
In den Fladen beißen

KM 44,1
6 Alter Bahnhof
Eisenbahnromantik mit Biss (in den Kuchen)

KM 50,7 » ZIEL
Bahnhof Blankensee

DA GLOTZT DOCH EINER?!

Nein, mehrere! Glücklicherweise sind die **Kameraden nur aus Holz** und begrüßen die Reisenden in Neustrelitz – um dann mehr oder weniger gleich wieder Tschüss zu sagen. Bei der Ausfahrt aus der Stadt ist von der Schönheit Neustrelitz nicht viel zu sehen. DDR-Stadtplanung trifft da auf Neubauwut nach der Wende.

Nichts wie runter von der Straße, ab in den Wald. Und plötzlich riecht es ganz anders, nach Kiefern und Pilzen. Ein Dorf, Kopfsteinpflaster, Sand! Hühner rennen gackernd über den Weg, und kein Hahn kräht danach. Dann wieder Wald, rechts Kiefern, links Eichen. Wo ist er denn jetzt, der versprochene Buchenwald? Stille. Entfernt zilpt ein Vogel. Das Summen der Insekten. Und dicht an dicht: Die Buchen. Andächtig fährt man durch einen **der ältesten Buchenwälder des Landes**. Von der Hitzewelle ist nichts zu spüren, es ist feucht und kühl, angenehm kühl. Unter riesigen Baumkronen ganz viel Totholz, auf dem Pilze wuchern.

WENN WEICHER WALDBODEN DAS KOPFSTEINPFLASTER ABLÖST – HIMMLISCH!

Auf einer Lichtung ein kleines Museum, versteckt im Wald ein **kleines Café**. Noch ein paar Kilometer Buchenwald, dann weitet sich's, man blickt auf die übliche von der Eiszeit geprägte Landschaft. Blumenwiesen wechseln mit Äckern ab, es geht mal ein wenig hoch und dann wieder bergab.

Das Dörfchen Dolgen leistet sich mit einer **Rundkirche** eine architektonische Extravaganz. Bei der Abfahrt nach Feldberg dann grandiose Sicht auf die Feldberger Seenplatte und den namensgebenden Ort.

Das obligatorische **Fischbrötchen** gibt es hier in der Ortsmitte im warmen Fladenbrot. Lecker!

Früher hätte man die Bahn zurück nach Neustrelitz nehmen können, heute ist das einzige Erbe der Schienenanbindung ein Eisenbahnradweg, der von Quadenschönfeld nach Blankenburg fährt. Es rollt tatsächlich wie auf Schienen. Vorher noch einen Kaffee im **Alten Bahnhof Quadenschönfeld**?

Fast die ganze Tour geht durch Naturschutzgebiete

Kunst am Stromverteiler

Leckeres in Aussicht

RADELN & GENIEßEN

START
Bahnhof Neustrelitz

Auf den Bahnhofsvorplatz schieben und gleich stoppen!

Bahnhofsfiguren Neustrelitz

KM 0

1 **Bahnhofsfiguren**

Freundlich Grüßen

Es sind ein paar lustige Gestalten, die einen bei der Ankunft in Neustrelitz auf dem Bahnhofsvorplatz begrüßen. Es geht um das Reisen, das Warten und das Ankommen. Der Holzbildhauer Ralf Schade hatte die Figuren 2014 zusammen mit Jugendlichen in einem Projekt mit der Jugendvollzugsanstalt Neustrelitz geschaffen, als der Bahnhofsvorplatz saniert wurde. Die munter dreinblickenden, leicht skurrilen Figuren aus Edelholz bekamen 2021 eine Frischekur. Schnell freundlich grüßen und ein Foto machen, bevor die Farbe wieder verblasst ist.

Links durch die Unterführung, dann links die Hauptstraße Richtung Carpin nehmen.

KM 9

2 Welterbe Serrahner Buchenwald

Buchen suchen

Wenn man es nicht erlebt hat, kann man kaum glauben, wie magisch ein Wald sein kann. Da kann man eigentlich nur absteigen, ein Stück andächtig schieben und die Stimmung auf sich wirken lassen. Der Serrahner Buchenwald ist Teil des UNESCO-Welterbes und der wohl eindrucksvollste seiner Art auf der Seenplatte. 268 Hektar umfasst er, seit mehr als 150 Jahren werden hier keine Bäume mehr geschlagen, ein Umstand, der der Jagdleidenschaft des Großherzogs Georg von Mecklenburg-Strelitz zu verdanken ist. Einige Buchen sind mehr als 300 Jahre alt, für sie ein fast biblisches Alter. Neben eng stehenden Bäumen gibt es auch ganz viel Totholz, der ideale Lebensraum für Insekten. Es summt folglich mächtig im Wald, ansonsten ist es gespenstisch still.

Der Beschilderung durch dem Wald folgen.

Leckeres Gebäck im Wald

KM 11,5

3 Waldcafé

Ein Stück Kuchen genießen

Es ist kaum zu sehen. Obwohl da ein roter Aufsteller mit der Aufschrift »Café« steht, fährt man fast daran vorbei. Das wäre sehr schade, hier gibt es Kaffee und Kuchen, letzter ebenso selbst gebacken wie die belegten Brötchen. Manchmal ist auch Suppe im Angebot. Sogar Veganer kommen endlich einmal auf ihre Kosten, ein veganer Kuchen ist immer dabei. Man sitzt gemütlich im liebevoll verwilderten Garten und genießt die Koch- und Backkünste der Besitzerin. Die Öffnungszeiten sind unregelmäßig, im Zweifelsfall kann man alternativ auch im Informationszentrum Serrahn verschnaufen.

Weiter durch den Wald in Richtung Carpin, dort nach Dolgen abbiegen.

Magischer Buchenwald

KM 23,1

4 Rundkirche Dolgen
Zur Abwechslung ohne Ecken

Kirchen gibt es in Mecklenburg ja in jedem Kuhdorf, gerne auch in groß und fast immer in Backsteingotik, in dieser Gegend auch gerne einmal romanisch. Da ist es eine angenehme Überraschung, dass in diesem Örtchen mal ein ganz anderes Exemplar steht. Die Rundkirche Dolgen ist – man errät es – rund, keine Ecke ist da gemauert, die Wände sind beige getüncht, kein Backstein zu sehen. Ein wenig sieht sie aus wie eine Toilettenrolle mit roter Strickmütze. Es handelt sich aber um Klassizismus von 1806. Wer sie besichtigen möchte, findet einen Zettel mit Telefonnummer an der Kirchentür. Vielleicht reicht ja auch eine Runde um das Gebäude?

Erst nach Lüttenhagen, dort der Beschilderung nach Feldberg folgen.

Hier geht's rund!

Flosse im Fladen

Fischladen Seenfischerei Feldberg
In den Fladen beißen

Fischsuppe gibt es hier, und – die Spezialität – den Fisch zur Abwechslung mal nicht im Brötchen, sondern im Fladenbrotviertel, das vorher auch noch schön warm gemacht wird. Das ist nicht nur originell, sondern auch ziemlich lecker. Der Fladeninhalt variiert, meist sind mehrere Fischsorten im Angebot. Wer keinen Fisch mag: Es gibt auch Kaffee und Kuchen. Für was auch immer man sich entscheidet, bei schönem Wetter sitzt man entspannt auf der Bank vor der Tür oder an den kleinen Tischchen und kann das rege Feldberger Leben an sich vorbeiziehen lassen (www.seenfischerei-feldberg.com).

Aus Feldberg den Berg hochfahren Richtung Möllenbeck.

KLEIN, ABER AUSSERGEWÖHNLICH: DIE RUNDKIRCHE DOLGEN

KM 44,1

6 Alter Bahnhof
Eisenbahnromantik mit Biss (in den Kuchen)

Für alle, die keinen Fisch mögen, ein später Essenstopp; für alle Eisenbahner ein wunderbarer Blick in die Bahnvergangenheit. Im Hof steht ein bunt bemalter Waggon der Deutschen Reichsbahn, das Interieur ist liebevoll restauriert und eingerichtet. An der Wand hängen alte Schilder und historische Schwarz-Weiß-Aufnahmen. Wer will, kann hier auch übernachten. Kaffee und Kuchen geht aber immer. Angenehmer Nebeneffekt der 2000 stillgelegten Bahnstrecke: Der Bahnradweg ist bis Blankensee exzellent ausgebaut – es rollt wie auf Schienen.

Einfach rollen lassen bis Blankensee.

EXTRA INFOS:

Wer noch ein paar Höhenmeter mehr braucht: Der Schlenker von Feldberg auf den ● **Aussichtspunkt Reiherberg** bietet den schönsten Blick der Seenplatte. Der Ort Feldberg lohnt auf jeden Fall einen kleinen Rundgang, wenn nicht sogar eine Übernachtung.

KM 50,7 » ZIEL

Bahnhof Blankensee

HIER SCHLÄGT DAS EISENBAHNERHERZ HÖHER!

Rast für Hungrige und Eisenbahnfans

AUF EINEN BLICK

- **Start:** Bahnhof Neustrelitz
- **Ziel:** Bahnhof Blankensee
- **Strecke:** 50,7 km (Streckentour)
- **Reine Radelzeit:** knapp 3 Std. 30
- **Höhenmeter:** ↗ 112 m, ↘ 112 m
- **Wegbeschaffenheit:** Schnell raus aus Neustrelitz, dann wird es deutlich schöner. Die Tour ist nichts für Rennradfreund:innen, meist ist der Untergrund uneben, es gibt einiges an Kopfsteinpflaster und viele Wald- und Feldpassagen. Als Belohnung gibt es auf den letzten Kilometern einen wunderbar zu fahrenden Bahnradweg.
- **Beste Zeit:** Frühling bis Herbst, nach starken Regenfällen könnte die Waldpassage schwierig werden.
- **Mitnehmen:** Geld für Fisch und Kuchen, Zeit und Muße für den Welterbe-Wald.

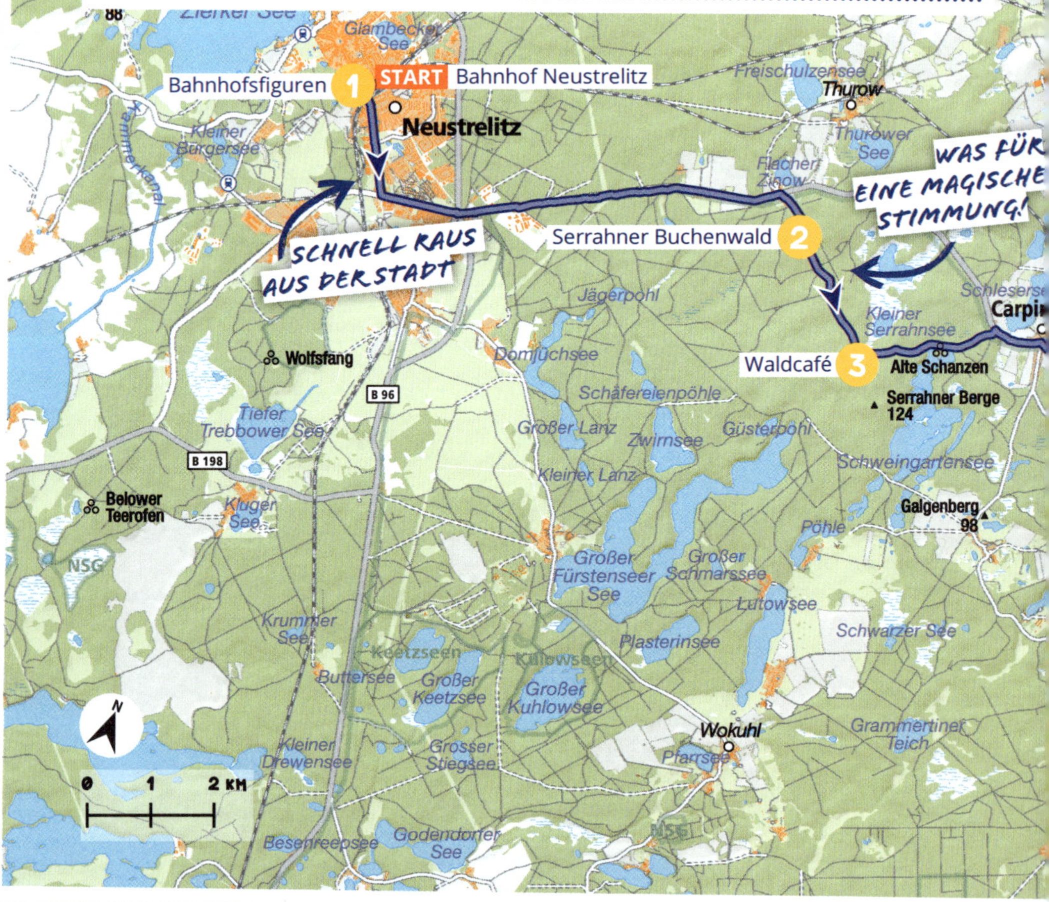

Groß Nemerow
Burg Stargard
Burg Stargard
Dewitz
Holldorf
Teschendorfer See
Gramelower See
Camminer See
Ballin
Plather See
WUNDERBARER BAHNRADWEG
Balliner See
ZIEL
Bahnhof Blankensee
Blankensee
Warbende
Quadenschönfeld
Gutshaus Quadenschönfeld
Schlavenkensee
Flatow
6
Alter Bahnhof
B 198
Gutshaus Brdenfelde
Tiefer See
Stolpe
Möllenbeck
Gutshaus Möllenbeck
HUI, ES GEHT BERGAB!
Krumbecker See
Zimmerbeilsee
Ollendorf
Cantnitzer See
Vogelkirsche 166
Grünower See
Grünow
Rundkirche Dolgen
4
Burgruine Maledal
Feldberger Hütte
Dolgener See
Reiherberg 143
Aussichtspunkt Reiherberg
Breiter Luzin
Lütter See
Haussee
Scholverberg 118
AN DER KIRCHE STEHT EINE ALTE EICHE
Schäferteiche
5
Fischladen Seenfischerei Feldberg
Feldberg
Scharteisensee
Wootzensee
Schmaler Luzin
Zansen

DIE RADELPAUSEN

» START
Bahnhof Feldberg

KM 4
1 Reiherberg
Seenplatte aus der Vogelperspektive

KM 9,1
2 Lichtenberger Strand
Badefreuden am Breiten Luzin

KM 18,2
3 Fähre Schmaler Luzin
Mit dem Fährmann schnacken

18 »FÄHR-MANN, HOL ÖVER«

Rundtour um Feldberg

Nicht nur Hans Fallada hat sich hier wohlgefühlt. Die Feldberger Seenplatte ist die wohl schönste in Mecklenburg. Am Reiherberg kann man sie aus der Vogelperspektive bewundern. Und die legendäre Fährfahrt über den Schmalen Luzin ist ein absolutes Muss.

KM 19
4 Schäferei Hullerbusch
Auf Du und Du mit dem Schaf

KM 21,2
5 Fallada-Haus in Carwitz
Dem Dichter die Aufwartung machen

KM 26,7
6 Kirche Feldberg
Ein letzter Blick

KM 27,3 » ZIEL
Bahnhof Feldberg

FELDBERG LIEGT MALERISCH IM TAL …

… blickt man nach vorne, ruft der Berg. Dann auch noch Kopfsteinpflaster, in das aber dankenswerterweise ein schmaler Asphaltstreifen eingelassen ist, extra für Radfahrer:innen, das ist nett. Der Fernblick vom **Aussichtspunkt Reiherberg** entschädigt aber für den schweißtreibenden Anstieg. Wasser bis zum Horizont, ein paar Inseln, und inmitten des Wassergemäldes Feldberg.

So viel Wasser ist anziehend, und der Weg zum Breiten Luzin geht glücklicherweise bergab. Der Waldweg hat aber so seine Tücken, die Bremse sollte man nicht loslassen. Dichter Wald, wohin man sieht, dann der See. Eigentlich könnte man hier rechts abbiegen und wäre gleich wieder in Feldberg. Aber der See ruft, am **Lichtenberger Badestrand** kann man dem Ruf folgen.

DER SCHÖNSTE MOMENT: WENN MAN NACH LANGER WALDABFAHRT DEN SEE ERREICHT

Dann die Qual der Wahl: Asphaltierte Straße weg vom See oder Feldweg am Ufer entlang? Lieber Seeblick, auch wenn der Feldweg zwischendrin zum Singletrail wird.

In Feldberg fährt man über den Erddamm, der Breiten und Schmalen Luzin trennt, nicht erst in den Ort, sondern den Uferweg entlang bis zur berühmten **Luzin-Fähre**. Kaltgetränk mit Blick auf den See beim Warten auf die Fähre, übersetzen, einen kleinen Schnack mit dem Fährmann und mit Schwung den Waldweg wieder nach oben.

Der führt uns zuerst zum Hofladen der **Schäferei Hullerbusch**, da gibt's restlos alles rund ums Schaf.

Danach bietet sich ein Abstecher zu Hans **Fallada** an, der es sich in **Carwitz** gemütlich eingerichtet hatte, auf dem Weg dorthin ist auch noch ein Café-Stopp möglich. Immer wieder erhaschen wir Ausblicke auf den Schmalen Luzin und den Carwitzer See. In Carwitz hat es sowieso auch keiner eilig.

Nach Carwitz noch einmal die Wahl: Waldweg am Ufer oder Straße außenrum. Und wieder siegt das glasklare, grünblau in der Sonne schimmernde Wasser des Luzin. Wer sich die Tour noch einmal von oben anschauen möchte, steigt auf den **Feldberger Kirchberg** mit der imposanten Backsteinkirche. «

Durch den Wald und über die Wiese

Noch Platz in der Satteltasche?

Badestelle am Breiten Luzin

RADELN & GENIEßEN

START
Bahnhof Feldberg

Die Hauptstraße aus Feldberg Richtung Norden nehmen, am Ortsausgang rechts abbiegen.

Hier geht's zur Fähre ...

DER Traumblick der Seenplatte

KM 4

1 **Reiherberg**

Seenplatte aus der Vogelperspektive

Wenn es den einen endgültigen Ausblick auf der Mecklenburgischen Seenplatte gibt, dann ist es dieser! Die Augen schweifen über die Feldberger Seen, den Haussee, den Schmalen und den Breiten Luzin, bis zum Horizont scheint es, als gäbe es nur Wasser mit ein paar wenigen Inseln dazwischen und der Silhouette Feldbergs. Allein dafür hat sich der etwas schweißtreibende Anstieg zum Aussichtspunkt Reiherberg gelohnt, der mit 143 Metern ü. NN eine der höchsten Erhebungen Mecklenburgs ist und 60 Meter oberhalb des Wassers liegt. Das Schöne: Die 60 Höhenmeter geht es auch gleich wieder nach unten. Als kleinen Nebeneffekt kann man sich zudem von der Aussichtsplattform schon einmal die heutige Route anschauen: um den Breiten und dann den Schmalen Luzin.

Bis Schlicht und dann immer bergab zum See fahren.

... und da ist sie.

KM 18,2

3 Fähre Schmaler Luzin

Mit dem Fährmann schnacken

Sie ist legendär, die Fähre über den Schmalen Luzin. »Fährmann hol över«, rief man in alten Zeiten, und der gute Mann brachte Menschen zu Fuß und zu Rad mit einer der letzten handbetriebenen Seilfähre Europas ans andere Ufer. Heute gibt es einen Fahrplan und zuweilen wird statt der Hand- auch eine solarbetriebene Fähre genutzt. In der Hauptsaison war das dann wohl doch zu anstrengend. Wie auch immer, für einen kleinen Schnack und eine Anekdote ist der Fährmann Thomas Voigtländer, ein echtes Kind Feldbergs, immer zu haben (www.luzinfaehre.de).

Von der Fähre bergauf durch den Wald, den Weg rechts nehmen.

KM 9,1

2 Lichtenberger Strand

Badefreuden am Breiten Luzin

Nach ein paar Kilometern Radeln am See kann man eigentlich nicht mehr anders, als in den Breiten Luzin zu springen. An der Badestelle Lichtenberger Strand gibt es die Rundumversorgung: Umkleidekabinen, Badesteg, große Liegewiese, Rettungsschwimmer und eine Imbissbude. Erstaunlich klar ist der Breite Luzin, der zu den tiefsten der Seenplatte gehört. Aber – entgegen seines Namens – gar nicht so breit und auch gar nicht so groß, wie das vom Reiherberg ausgesehen hat: Er bringt es gerade mal auf 3,3 Kilometer Länge und 1,8 Kilometer Breite. Das kann einem beim Schwimmen allerdings egal sein.

Weiter den See entlang bis Feldberg und dann den Schildern zur Fähre Schmaler Luzin folgen.

Baden – oder einfach die Aussicht genießen

Zeit für ein Schäferstündchen?

KM 19

4

Schäferei Hullerbusch

Auf Du und Du mit dem Schaf

Entlang der Seenplatte werden gerne auch Schafe gezüchtet. Was dabei so alles produziert wird, kann man im Hofladen der Schäferei Hullerbusch, dem sogenannten Schäferladen, anschauen, anziehen und probieren. Natürlich gibt es frisches Lammfleisch, aber auch wer der Fleischeslust nicht frönt, kann in ein Brötchen mit Schafs- oder Ziegenkäse beißen. Soll es mal etwas anderes als die Fleecejacke sein oder ist es heute außergewöhnlich kalt, hilft eventuell ein lokales Wollerzeugnis. Wem das alles zu Schaf ist, der bekommt auch kalte und warme Getränke, Kuchen oder kann sich Honig aus der Region in die Satteltasche legen (www.schaeferei-hullerbusch.de).

Den Schildern nach Carwitz folgen und dort links abbiegen.

KM 21,2

5

Fallada-Haus in Carwitz

Dem Dichter die Aufwartung machen

Der Schriftsteller Hans Fallada wusste die Schönheit des Schmalen Luzin zu schätzen, so sehr, dass er Jahre seines Lebens in seinem Haus in Carwitz verbrachte, um dem hektischen Berlin zu entfliehen, vor allem aber, um von seiner Alkoholsucht loszukommen. In seinem alten Sommerhaus ist heute eine kleine Ausstellung untergebracht, die den Besuchern Leben und Werk Falladas näherbringt. Man sieht ihm förmlich in seinem Arbeitszimmer, das mit dem originalen Mobiliar wiederhergestellt wurde, bei seiner Romanproduktion über die Schulter. Auch Veranda und Esszimmer haben noch die originale Ausstattung. Und sein Garten ist ideal für eine kleine Pause (www.fallada.de).

Im Uhrzeigersinn weiter um den See, immer am Ufer entlangradeln.

Ein Mann will nach oben?
Treppen zum Fallada-Haus

Erstrahlt nun im neuen Glanz:
Die Feldberger Kirche

EXTRA INFOS:

Das Örtchen Carwitz ist ideal für einen Mittags- oder Kaffeestopp. Es gibt mehrere Einkehrmöglichkeiten, am schönsten sitzt man im ● **Carwitz-Eck** – beziehungsweise davor, wenn schönes Wetter ist und man das Dorfleben an sich vorbeischleichen sehen kann (www.carwitzeck.de).

KM 26,7

6 Kirche Feldberg

Ein letzter Blick

Fahrrad kurz abstellen, die steile Treppe hoch und dann noch einmal den Rundblick genießen. Von dem kleinen Hügel, auf dem die Stadtkirche Feldberg liegt, fällt der Blick auf die Stadt, den Haussee und den Reiherberg, der ersten Tourstation. Hier wird noch einmal deutlich, wie eng umfasst die Stadt von der Seenplatte ist. Die Kirche selbst, ein neoromanischer Backsteinbau aus dem späten 19. Jahrhundert mit einem immerhin 53 Meter hohen, von Weiten sichtbaren Kirchturm, ist ebenfalls einen Besuch wert.

Im Bogen um den Kirchberg herum zum Ausgangspunkt zurückkehren.

KM 27,3 » ZIEL

Bahnhof Feldberg

Carwitz hat Fallada auf die Fahnen geschrieben

LANGE ABFAHRT DURCH DEN WALD
Burgruine Maledai
Schlicht
Cantnitzer See
Feldberger Hütte
Weitendorfer Haussee
Hechtsee
Weitendorf
1
Aussichtspunkt Reiherberg
Breiter Luzin
Grabenwerder
Haussee
Sprockfitz
Scholverberg 118
Dolgener See
SCHWEISS-TREIBENDER AUFSTIEG
Feldberger Seenlandschaft
Lüttenhagen
Feldberg
Bahnhof Feldberg
START & ZIEL
Kirche Feldberg
6
Fähre Schmaler Luzin
3
Hullerbusch
Neuhof
NSG
Schäferei Hullerbusch
4
Zansen
Schmaler Luzin
NSG
Hullerbusch und Schmaler Luzin
Hauptmannsberg 120
Restaurant Carwitz Eck
Carwitz
Laeven
5
Fallada-Haus
N
0
1
2 KM

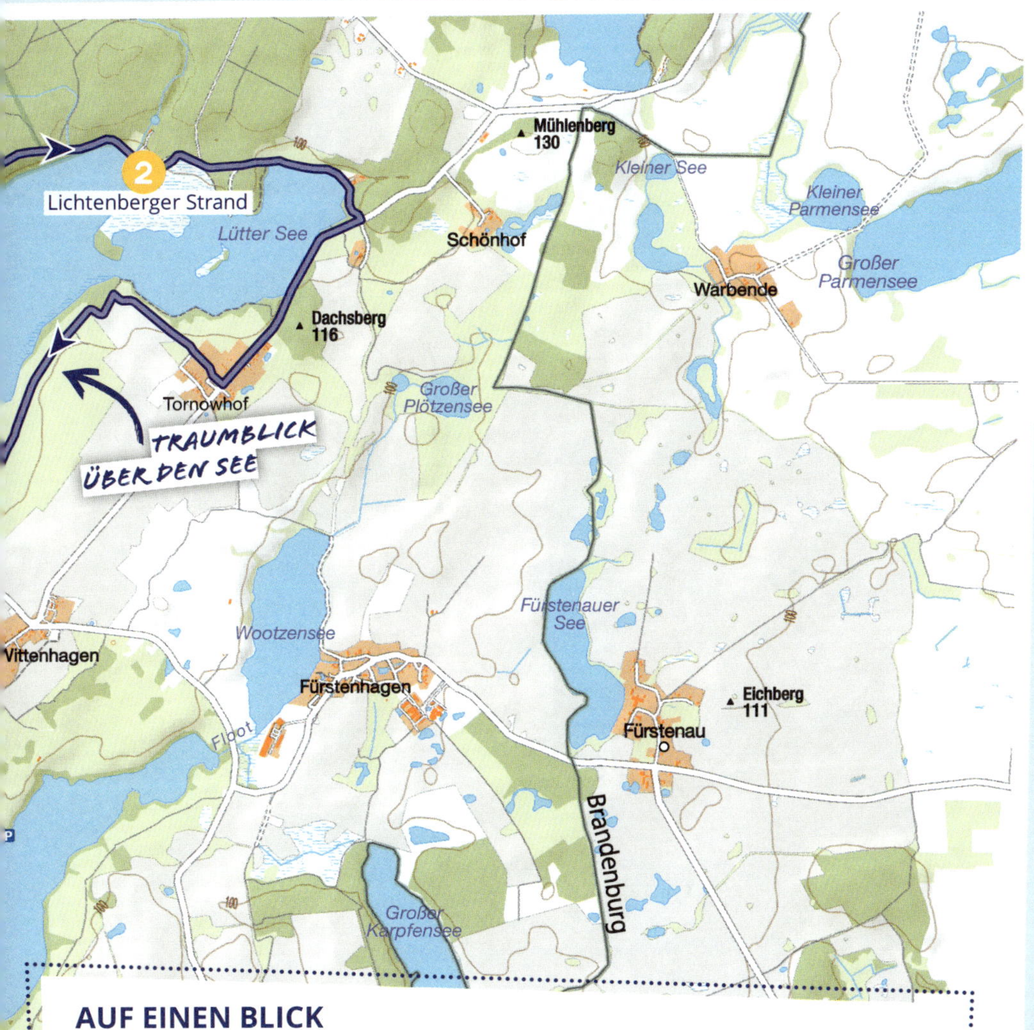

AUF EINEN BLICK

- **Start und Ziel:** Bahnhof Feldberg (kein Eisenbahnverkehr, aber Bus mit Radmitnahme)
- **Strecke:** 27,3 km (Rundtour)
- **Reine Radelzeit:** 2 Std.
- **Höhenmeter:** ↗ 95 m, ↘ 95 m
- **Wegbeschaffenheit:** 250 Höhenmeter auf 27 Kilometern, das ist eine Hausnummer. Vor allem der Anstieg zum Reiherberg ist schweißtreibend, lohnt jedoch. Es rollt gut, aber eher aus Hochgefühl ob der schönen Landschaft als wegen des Bodenbelags. Kaum Asphalt, der Großteil der Strecke verläuft auf schönen Wald- und Feldwegen. Eine Tour, bei der man sich viel Zeit lassen sollte.
- **Beste Zeit:** Frühling bis Herbst.
- **Mitnehmen:** Badezeug, Mückenschutz, Fallada-Lektüre.

DIE RADELPAUSEN

» START
Bahnhof Fürstenberg

KM 0,5
1 Kirche Fürstenberg
Wasser fassen (485 m)

KM 3,6
2 Alte Kaserne
Lost Place erleben

KM 5,1
3 Eismanufaktur Winterfeldt
Lecker schlecken

19 DIE HAVELSEEN KULINARISCH

Genießertour von Fürstenberg nach Mirow

Ganz viel Wasser und ganz viel Kulinarik hält diese leichte Radtour parat. Immer wieder begegnet man der Havel, hier meist inkognito als See unterwegs. Entlang der Strecke Hofläden, Eisdielen und Schlemmertempel, dazwischen lockt das Naturerlebnis und mehrmals das kühle Nass.

KM 17,2

4 Unter Bäumen
Tief einatmen im Buchenwald

KM 24,2

5 Hofladen und Restaurant Die Scheune
Lokale Spezialitäten schnabulieren

KM 34,2

6 Fischimbiss Meyl
Gemütlich auf den Zug warten

KM 35 » ZIEL

Bahnhof Mirow

SCHUSSFAHRT VOM BAHNHOF …

… Richtung Stadtzentrum Fürstenberg. Da steht mit der **Stadtkirche** ein ziemlich imposantes Exemplar einer Backsteinkirche. Der Turm scheint riesig, vor der Kirche steht ein origineller Trinkwasserbrunnen in Meeresblau. Ansonsten ist der Ort eher übersichtlich, was für wendige Wesen auf Fahrrädern ja eher eine gute Nachricht ist.

Ein paar Hundert Meter südlich der Kirche zweigt eine ruhige Nebenstraße von der viel befahrenen B 96 ab, dann beginnt der Wald. Ist das da ein Sowjetstern? Die **Alte Kaserne** ist wahrlich ein Lost Place! Davon gibt es entlang der Strecke einige! Also Augen auf und immer mal durch die Bäume blinzeln.

FRISCHES GRÜN, ANGENEHMER SCHATTEN: DIE ALLEE, DEIN BESTER FREUND

Deutlich lebhafter geht es im nächsten Ort zu: Die **Eismanufaktur Winterfeldt** hat im Hitzesommer alle Hände voll zu tun. Danach wieder dichter Wald, eine schön zu fahrende Fahrradstraße und, genau an der Grenze zwischen Brandenburg und Mecklenburg-Vorpommern, die Havel, meist in einem See versteckt. Von See zu See hüpft man nun, meist mit ein wenig Havel drin, auf dichten Alleestraßen, die kaum ein Auto sehen. Und wenn man schon von See zu See hüpft, warum dann nicht einmal selbst ins kühle Nass hüpfen, zum Beispiel am Ellbogensee?

Erfrischt und frisch getrocknet hat man bald wieder Waldboden unter den Rädern. Stille. Wieder einer dieser magischen **Buchenwälder**, in denen man am liebsten absteigen und schieben möchte. Das war es dann aber auch erst einmal mit Wald.

Über weite Felder geht es auf gut planierten Feldwegen zur Schleuse Diemitz. Den regen Schiffsverkehr schaut man sich vom Biergarten des Restaurants **Die Scheune** an, dann ruft aber wieder der Drahtesel. Nun geht es auf kaum befahrenen Straßen durch schöne Alleen hügelig durch die Kulturlandschaft.

Das riesige Mühlrad am Ferienpark Fleether Mühle bietet einen letzten Fotostopp und eine weitere Bademöglichkeit, dann ist man auch schon auf schnurgerader Strecke in Mirow. Auf dem Weg zum Bahnhof weist ein Wegweiser nach rechts in einen Innenhof, darin versteckt sich ein kleiner, aber feiner **Fischladen mit einfacher Gastronomie** und Ausschank. Wie wäre es mit einer Fischsuppe?

«

nmer wieder laden kleine
irchen zur Besichtigung ein

Mühlrad an der Fleether Mühle

Die Havel versteckt sich
hier in mehreren Seen

RADELN & GENIEßEN

START

Bahnhof Fürstenberg

Leicht bergauf vom Bahnhof auf die Hauptstraße radeln.

Mosaik an der alten Sowjetkaserne

KM 0,5

1 **Kirche Fürstenberg**

Wasser fassen

Ziemlich beeindruckend ist die Stadtkirche Fürstenberg. Ein Meisterwerk der Backsteinbauweise, schlicht und dennoch monumental, von dessen 48 Meter hohem Turm man sicherlich einen atemberaubenden Blick auf die Seenplatte hätte, wenn man denn hochdürfte. Auf jeden Fall ein Foto wert. Klein, aber fein und ziemlich strahlend blau steht auf dem Kirchplatz ein Trinkwasserbrunnen, der einzige und ziemlich starke Farbtupfer auf dem Platz. Fast scheint es, als hätte sich ein Sprayer einen Scherz erlaubt und ihn blau angepinselt. Aber nein, das ist so gewollt, der Wasserauslass in Form einer Welle (oder soll es eine Kerze sein?), der an einem polierten Stein endet, in den er zu beißen scheint. Kunst oder nicht? Egal, eine gute Gelegenheit, die Wasserflasche aufzufüllen.

Der Hauptstraße bergab über die Havel folgen und dann rechts abbiegen.

Stadtkirche Fürstenberg mit Brunne

Viel ist nicht mehr übrig

KM 3,6

2

Alte Kaserne

Lost Place erleben

Bis 1990 war die Rote Armee in und um Fürstenberg stationiert, nicht immer gut gelitten, aber ziemlich präsent. Man muss genau hinschauen, dann entdeckt man entlang der Strecke rechts und links einige Spuren der Vergangenheit. Verfallene Baracken, Verwaltungsgebäude, ein Lenin-Denkmal und die Reste eines von den Soldaten genutzten Stadions. Rechter Hand schimmert es bunt durch die Bäume. Ein einst farbenfrohes Mosaik, mit Hammer und Sichel in der Mitte, einem Rotarmisten mit Kalaschnikow und dem Spruch »Ich schwöre meiner Heimat die Treue« auf Russisch. Viel mehr ist von der glorreichen Sowjetarmee hier nicht mehr übrig.

Der Fahrradstraße folgen bis zur Lichtung.

SCHADE, DASS MAN DEN KIRCHTURM NICHT BESTEIGEN KANN

KM 5,1

3

Eismanufaktur Winterfeldt

Lecker schlecken

Für einen Urlaubsdestination hat die Mecklenburgische Seenplatte erstaunlich wenige Eisdielen, die ihr Eis selbst herstellen. Hier, an ihrem südlichsten Ende, steht die Eismanufaktur Winterfeldt, und die setzt Maßstäbe. Warum nicht ein leckeres Eis mit auf die Tour nehmen? Dafür muss man aber Softeis mögen und nicht auf abgefahrene Sorten wie Feige-Walnuss oder Tonkabohne stehen. Hier gibt es Schoko, Erdbeer, Vanille. Reicht ja auch. Selbst das Gebäude strahlt mit seiner DDR-Standard-Architektur aus: Nur kein Schnickschnack! (ferienhauser-haveleck.business.site)

Der Ausschilderung Richtung Mirow folgen.

Eiszeit!

Tief durchatmen, genießen

Hofladen und Restaurant Die Scheune

Lokale Spezialitäten schnabulieren

Das muss der am besten sortierte Hofladen der Seenplatte sein. Hier, kurz vor der Schleuse Diemitz, auf dem Biber-Ferienhof, gibt es wirklich alles, was einem so begegnet auf der Platte. Räucherfisch, verschiedene Käsesorten, Wurst von allem, was hier verwurstet wird, hausgemachte Marmelade und vieles mehr. Im angeschlossenen Restaurant kann man das (fast) alles auch probieren, mit Blick auf die Schleuse. Alles ist bio und regional, da zeigt sich die Seenplatte hochmodern. Der ideale Ort, mal richtig in den Mecklenburger Spezialitäten zu baden, ohne nass zu werden. (www.biberferienhof.de)

Über die Schleuse und dann weiter Richtung Mirow radeln.

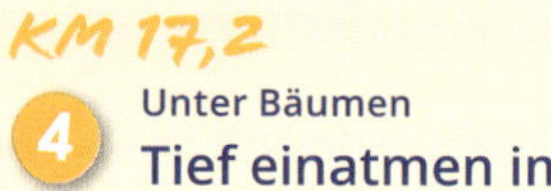

Unter Bäumen

Tief einatmen im Buchenwald

Buchenwälder gibt es unzählige auf der Seenplatte. Am berühmtesten ist der Serrahner Buchenwald östlich von Neustrelitz, der zum UNESCO-Welterbe gehört (siehe Tour 17). Hier ist es einfach nur ein besonders dichter, schöner und vor allen Dingen atmosphärischer Wald, in dem sich das Licht auf intensive Weise bricht und der noch stiller scheint als sein Pendant in Serrahn. Vielleicht, weil hier weniger Totholz die Insektenschwärme anlockt. Absteigen, tief einatmen, ein paar Hundert Meter schieben, und schon ist der innere Akku wieder voll.

Weiter Richtung Mirow halten.

Die Scheune hat auch ein Herz für Radler

So lässt sich Auf-den-Zug-Warten ertragen

EXTRA INFOS:

Ja, die Tour ist ein wenig essenslastig. Warum auch nicht, es gibt einfach ganz viel Leckeres zu verkosten in der Gegend. So auch im ● **Grillrestaurant Fleether Mühle**. Im angrenzenden Ferienpark kann auch gebadet werden (www.fleether-muehle.de).

KM 34,2

6 Fischimbiss Meyl

Gemütlich auf den Zug warten

Ja, eine weitere Fischbude. Warum denn auch nicht? Die Mecklenburger sind stolz auf ihren Fisch und vor allem auf ihre Fischbrötchen. Außerdem kann man hier, im Fischimbiss Meyl, gemütlich in einem netten Hinterhof auf den Zug warten, der nur alle zwei Stunden fährt und aller Erfahrung nach immer genau dann weg ist, wenn man in Mirow ankommt. Neben den üblichen Verdächtigen aus dem Wasser gibt es hier auch einfach nur Kaffee oder Kaltgetränke, man ist nahe genug am Bahnhof, um nicht auch den nächsten Zug zu verpassen, und Alternativen gibt es eh nicht so viele in der Stadt. Und wer noch nicht genug vom Lieblingssnack der Seenplatte hat: Die Fischbrötchen sind auch ausgezeichnet (www.fischerei-wesenberg.de/fischereihof-mirow; Imbiss in der Schlossstraße 13).

Schlossstraße stadteinwärts nehmen, sie wird dann die Strelitzer Straße. Nach dem Soldatenfriedhof rechts in die Bahnhofstraße einbiegen.

KM 35,3 » ZIEL

Bahnhof Mirow

An den Havelseen wartet überall Genuss pur

AUF EINEN BLICK

- **Start:** Bahnhof Fürstenberg
- **Ziel:** Bahnhof Mirow
- **Strecke:** 35,3 km (Streckentour)
- **Reine Radelzeit:** 2 bis 2 Std. 30
- **Höhenmeter:** ↗ 34 m, ↘ 27 m
- **Wegbeschaffenheit:** Eine rundum entspannte Tour, die entweder über Fahrradstraßen oder gut asphaltierte Nebenstraßen mit wenig Verkehr führt. Einzig das viele Auf und Ab über Endmoränen hält den Schwung ein wenig auf.
- **Beste Zeit:** Frühling bis Herbst.
- **Mitnehmen:** Wasserflasche, guten Hunger.

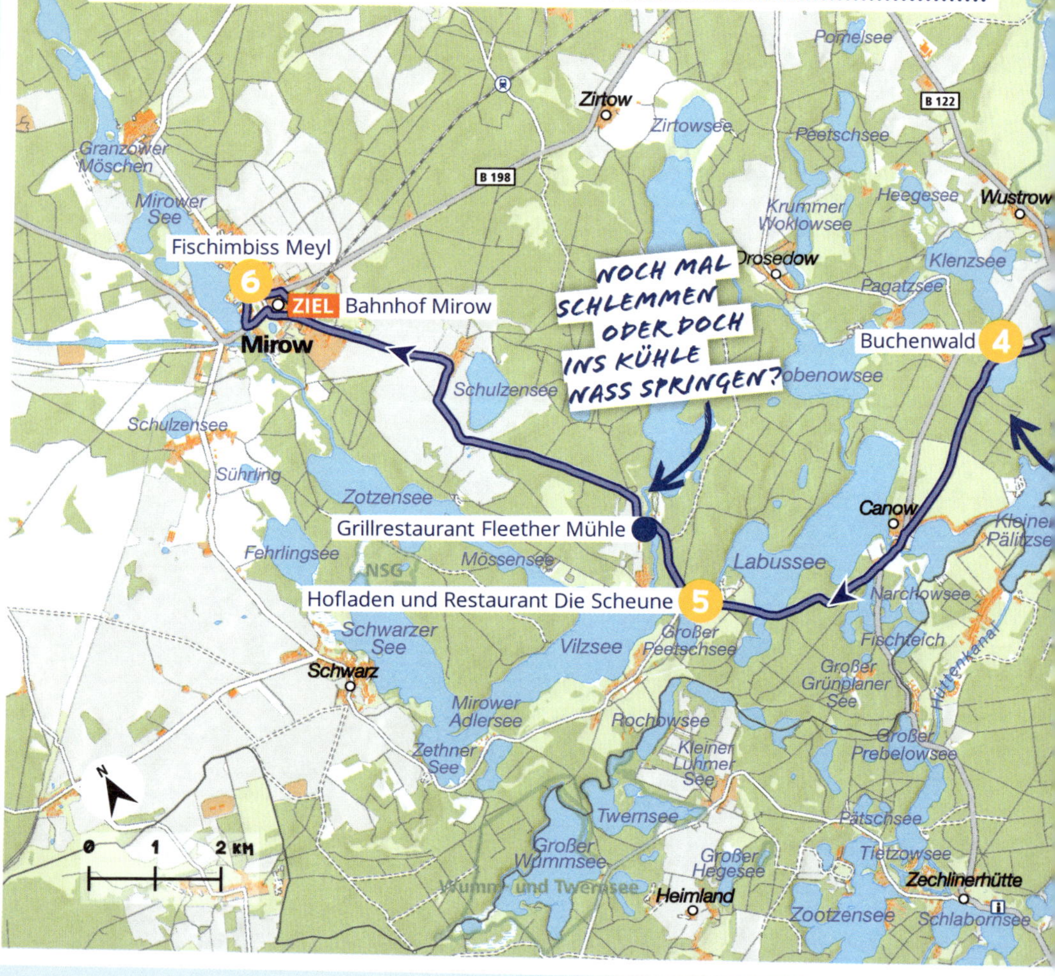

Fischimbiss Meyl
6
ZIEL Bahnhof Mirow
Mirow
Buchenwald
4
NOCH MAL SCHLEMMEN ODER DOCH INS KÜHLE NASS SPRINGEN?
Grillrestaurant Fleether Mühle
Hofladen und Restaurant Die Scheune
5
Zirtow
Zirtowsee
Peetschsee
B 198
B 122
Pomelsee
Granzower Möschen
Mirower See
Krummer Woklowsee
Heegesee
Wustrow
Drosedow
Klenzsee
Pagatzsee
Schulzensee
Sührling
Zotzensee
Canow
Kleiner Pälitzsee
Fehrlingsee
NSG
Mössensee
Labussee
Narchowsee
Schwarzer See
Vilzsee
Großer Peetschsee
Fischteich
Schwarz
Großer Grünplaner See
Hüttenkanal
Mirower Adlersee
Rochowsee
Großer Prebelowsee
Zethner See
Kleiner Luhmer See
Twernsee
Pätschsee
Großer Wummsee
Großer Hegesee
Tietzowsee
Wumm- und Twernsee
Heimland
Zechlinerhütte
Zootzensee
Schlabornsee
N
0 1 2 KM

Bahnhof Fürstenberg
START
1
Kirche Fürstenberg
2
Lost Place Alte Kaserne
3
Eismanufaktur Winterfeldt
HERRLICHE FAHRRADSTRASSE
RCH DEN WALD
Fürstenberg/Havel
Godendorf
Altthymen
Steinförde
Kleinmenow
Großmenow
Strasen
Priepert
Menz
Großwoltersdorf
Stolpsee
Großer Stechlinsee
Drewensee
Wangnitzsee
Mecklenburg-Vorpommern
Brandenburg

DIE RADELPAUSEN

» START
Bahnhof Fürstenberg

KM 13,5
1 Fontanehaus
Den Dichter im Blick

KM 14
2 Badestrand Stechlin
In einer Legende planschen

20 AUF FONTANES SPUREN

Radtour rund um Fürstenberg

Auf Fontanes Spuren führt diese locker zu fahrende Radtour zum Großen Stechlin, Sehnsuchtsort vieler Berliner. Es gibt Brandenburger Spezialitäten und eine Maulbeerallee. Und einen Bahnhof, bei dem man gerne auf den Zug wartet.

KM 24,9

3 Maulbeerallee

Ein Hauch von Seide

KM 29,2

4 Hof Kepos

Bio pflücken

KM 37,7

5 Ahoi Shop&Café

Alle Zeit der Welt

KM 37,7 » ZIEL

Bahnhof Fürstenberg

ACH, WENN FONTANE EIN FAHRRAD GEHABT HÄTTE!

Von Fürstenberg zum Stechlin und zurück per Rad, da hätte er wohl seine Freude gehabt. Aber der Schriftsteller war ja Wanderer. Für Radbegeisterte ist auf jeden Fall gesorgt, bei der Ausfahrt aus Fürstenberg. Es rollt so gut auf der ausgewiesenen Fahrradstraße, dass man fast den Abzweig in Richtung Stechlin verpasst.

Auf dem folgenden Weg fühlt man sich wie in einer Achterbahn, es geht hoch und runter, immer mal wieder recht scharf um die Kurve, mal durch dichten Wald, dann wieder über Lichtungen. Ist das schon der Stechlin? Nein, der Dagowsee und die gleichnamige Ortschaft. Einen Ort weiter, in Neuglobsow grüßt dann der Meister höchstpersönlich in Form einer quietschgelben Figur. Die steht vor dem **Fontanehaus**, das dankenswerterweise auch ein Restaurant mit Garten beherbergt.

AUTOFREI UND SPASS DABEI – WENN NUR ALLE FAHRRADSTRASSEN SO SCHÖN WÄREN!

Von hier rollt es entspannt zum Seeufer, und dort kann man eigentlich nicht anders, als in den **Stechlin** zu hüpfen. Wieder am Ufer, folgt man weiterhin Fontane, der hier Namensgeber für den ausgeschilderten Radweg ist.

Ein kleiner Bogen Richtung Süden, und dann reibt man sich erstaunt die Augen. Alleen ist man in der Gegend ja gewöhnt, Linden, Platanen, ja selbst Vogelbeeren. Aber **Maulbeerbäume?** Eine Erinnerung an die Seidenherstellung in der Gegend.

Ob der **Biohof Kepos** im nächsten Ort wohl Maulbeergelee verkauft? Nein, aber allerlei Obst zum Selberpflücken. Von Altglobsow geht es dann schnurstracks auf gut ausgebautem Radweg zurück nach Fürstenberg.

Der dortige Bahnhof ist der wohl der einzige in Deutschland, an dem man sich über eine Zugverspätung freut. **Bahnhofscafé** und gemütlich, das schließt sich in der Regel aus. Hier nicht, und wenn der RE 5 einmal wieder Verspätung hat, dann bestellt man sich einfach noch ein Getränk! «

Schöner lässt es sich kaum radeln!

Immer mal wieder steht Kunst am Wegesrand …

… oder ist auf die Stromverteiler gepinselt.

RADELN & GENIEẞEN

START

Bahnhof Fürstenberg

Erst Schussfahrt, dann leicht bergauf vom Bahnhof auf die Hauptstraße, dort rechts und nach der Brücke wieder rechts, immer geradeaus, der ausgewiesenen Fahrradstraße folgen. Abzweig nicht verpassen! Dem Wegweiser Richtung Stechlin nach links folgen.

Es grüßt der Dichter

KM 13,5

1 **Fontanehaus**

Den Dichter im Blick

Jetzt hat er geblinzelt! Der Meister höchstpersönlich wacht über die Terrasse des Fontanehauses, da wagt es keiner, schlecht zu kochen. Das gedrungen wirkende Fachwerkhaus macht erst einmal nicht viel her. Auch die Terrasse ist eher schlicht. Aber die vielen abgestellten Räder lassen schon vermuten, dass der erste Eindruck täuscht. Überzeugungsarbeit leistet dann die leuchtend gelbe Fontanefigur am Eingang. Anders als der Name vermuten lässt, wohnte der Schriftsteller jedoch nie hier. Früher war hier die Glasmacherhütte untergebracht, heute ein Restaurant und eine kleine Pension. Eilig hat es hier niemand – der ideale Ort, um die müden Radlerbeine zu entspannen (www.fontanehaus.com).

Die Straße bis zum Seeufer nehmen.

KM 14

2 Badestrand Stechlin

In einer Legende planschen

Fontane hat den Namen Stechlin mit seinem gleichnamigen Roman unsterblich gemacht, obwohl er gar nicht – jedenfalls nicht direkt – den See meinte. Seitdem spukt der See in den Köpfen; steht man an seinem Ufer, denkt man: Das soll es jetzt gewesen sein? Da tut man dem See aber unrecht, weil er tatsächlich einer der am schönsten gelegenen der Seenplatte ist. Nicht so groß wie die meisten Gewässer, aber groß genug, um das gegenüberliegende Ufer nur schemenhaft zu sehen. Es gibt Leute, die den Stechlin gar nicht mehr der Mecklenburgischen Seenplatte zurechnen, liegt er doch zur Gänze in Brandenburg. Aber interessiert das, wenn man am Badestrand einfach so in eine Legende springen darf?

Durch Neuglobsow, an der großen Kreuzung rechts abbiegen.

Eine Allee mit uralten Maulbeerbäumen

KM 24,9

3 Maulbeerallee

Ein Hauch von Seide

Selbst Menschen, die in China schon Maulbeerbäume gesehen haben, brauchen einen zweiten Blick, um die Allee nördlich von Zernikow sicher bestimmen zu können. Ja, es handelt sich tatsächlich um eine Maulbeerallee, nur dass die Bäume schon seit mehr als 200 Jahren nicht mehr beschnitten wurden, wie es in Ländern mit Seidenherstellung üblich ist. Wurde hier auch Seide hergestellt? Tatsächlich, ein von Friedrich II. gefördertes Wirtschaftsprogramm versuchte, die Seidenherstellung in Preußen populär zu machen. Maulbeerbaumsamen und Eier des Seidenspinners gab es kostenlos, finanziellen Anschub für die Seiden-Start-ups und Preisgarantien für die spätere Rohseide. Mit dem Tod Friedrichs im Jahre 1786 war die Herrlichkeit vorbei, heute zeugen hier nur noch 20 Baumriesen von dieser Zeit.

Durch die Allee ins Nachbardorf weiterradeln.

Sehnsuchtsort: Der Stechlin

Warum hat nicht jeder Bahnhof so ein Café?

KM 29,2

4 Hof Kepos

Bio pflücken

Wie wäre es mit ein paar Vitaminen? Hofläden gibt es eine ganze Menge hier an der Mecklenburgischen Seenplatte, biologisch-dynamisch sind schon weniger, Selbstpflücken ist eher selten erlaubt. Auf dem Biohof Kepos in Alt-Globsow kann man Biogemüse selbst ernten, an Obst gibt es viele verschiedene Sorten Äpfel, Birnen, Quitten und Zwetschgen. Fahrradfahrer:innen sind hier explizit willkommen! Wer auf den Geschmack gekommen ist, kann die Tour auch abkürzen und sich in eine der vier Ferienwohnungen einmieten (www.biohofkepos.de).

Kurz nach Ortsende rechts auf den Radweg einbiegen.

... und das Abendessen ist gesichert!

EXTRA INFOS:

Wer gerne ein wenig mehr radelt, dem empfiehlt sich eine Runde um den **Stechlinsee**. Auf der gegenüberliegenden Seite gibt es eine wunderbare Badestelle. In Fürstenberg locken die Havel und der Schlosspark.

KM 37,7

Ahoi Shop&Café

Alle Zeit der Welt

KM 37,7 » ZIEL

Bahnhof Fürstenberg

»Der RE5 verspätet sich heute um 20 Minuten.« Diese Durchsage hört man entlang der Mecklenburgischen Seenplatte zur Genüge. Es gibt aber einen Ort, da nimmt man das gelassen zur Kenntnis. Die Idee ist so gut, dass man sich fragt, warum es so etwas nicht öfter gibt: Ein Bahnhofscafé, in dem man gerne, gut und gemütlich sitzt und das guten Kaffee, frische Backwaren und netten Service bietet. Das Ahoi Shop&Café setzt da Maßstäbe. Entspannt sitzt man da am Bahnsteig und lässt Verspätungen an sich abperlen. Der eine oder die andere soll sogar schon absichtlich den Zug verpasst haben (www.ahoi-shop.de).

Schon da!

DURST ADÉ, CAFÉ AHOI! RAD ABSTELLEN, BEINE HOCH UND PROST!

Ahoi und tschüss, der RE5 nach Berlin kommt

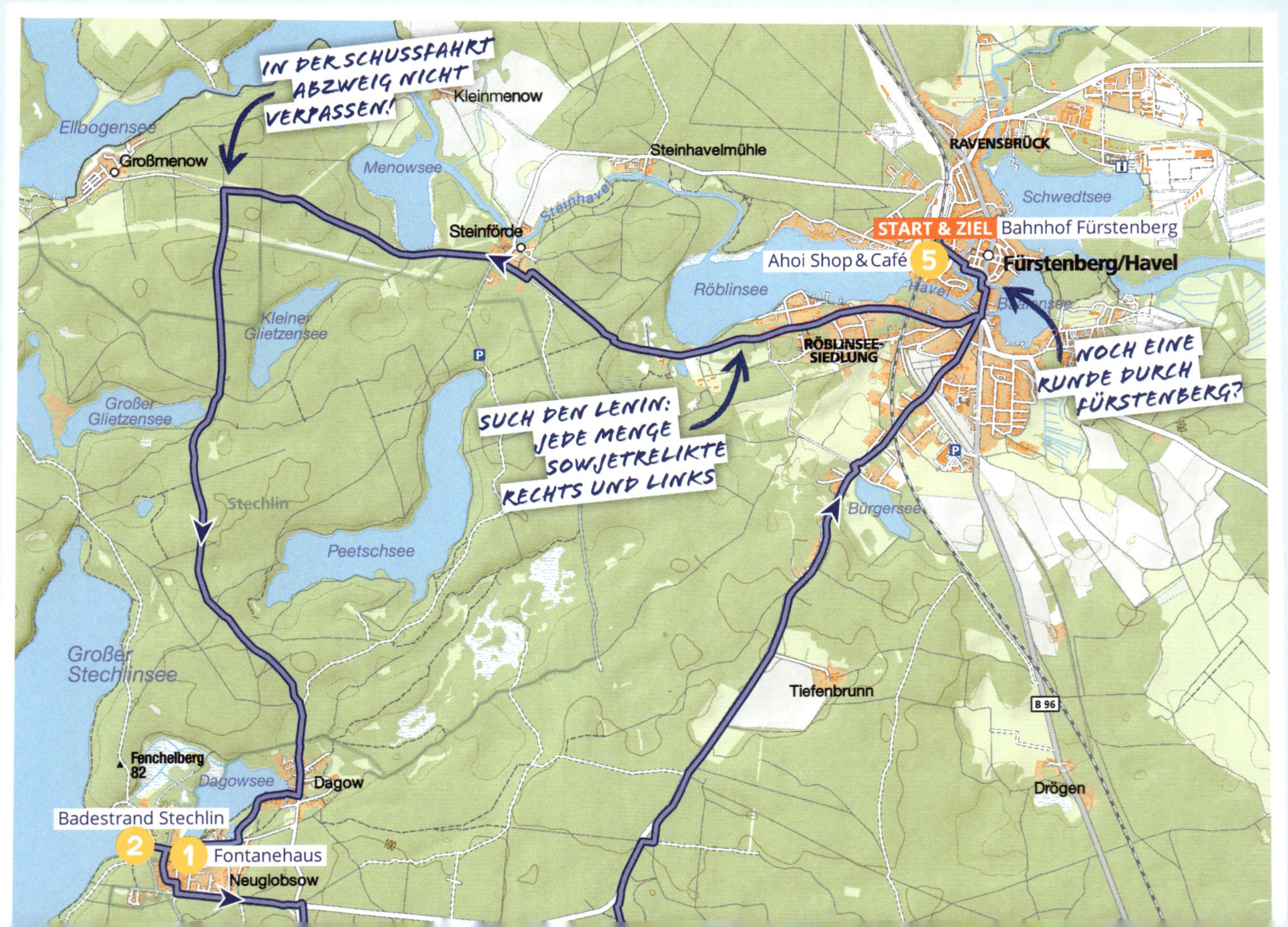

IN DER SCHUSSFAHRT ABZWEIG NICHT VERPASSEN!
Kleinmenow
Ellbogensee
Großmenow
Menowsee
Steinhavelmühle
RAVENSBRÜCK
Schwedtsee
START & ZIEL
Bahnhof Fürstenberg
Steinförde
Steinhavel
Ahoi Shop & Café
5
Fürstenberg/Havel
Röblinsee
Havel
RÖBLINSEE-SIEDLUNG
Kleiner Glietzensee
Großer Glietzensee
NOCH EINE RUNDE DURCH FÜRSTENBERG?
SUCH DEN LENIN: JEDE MENGE SOWJETRELIKTE RECHTS UND LINKS
Stechlin
Peetschsee
Bürgersee
Großer Stechlinsee
Tiefenbrunn
B 96
Fenchelberg
82
Dagowsee
Dagow
Drögen
Badestrand Stechlin
2
1
Fontanehaus
Neuglobsow

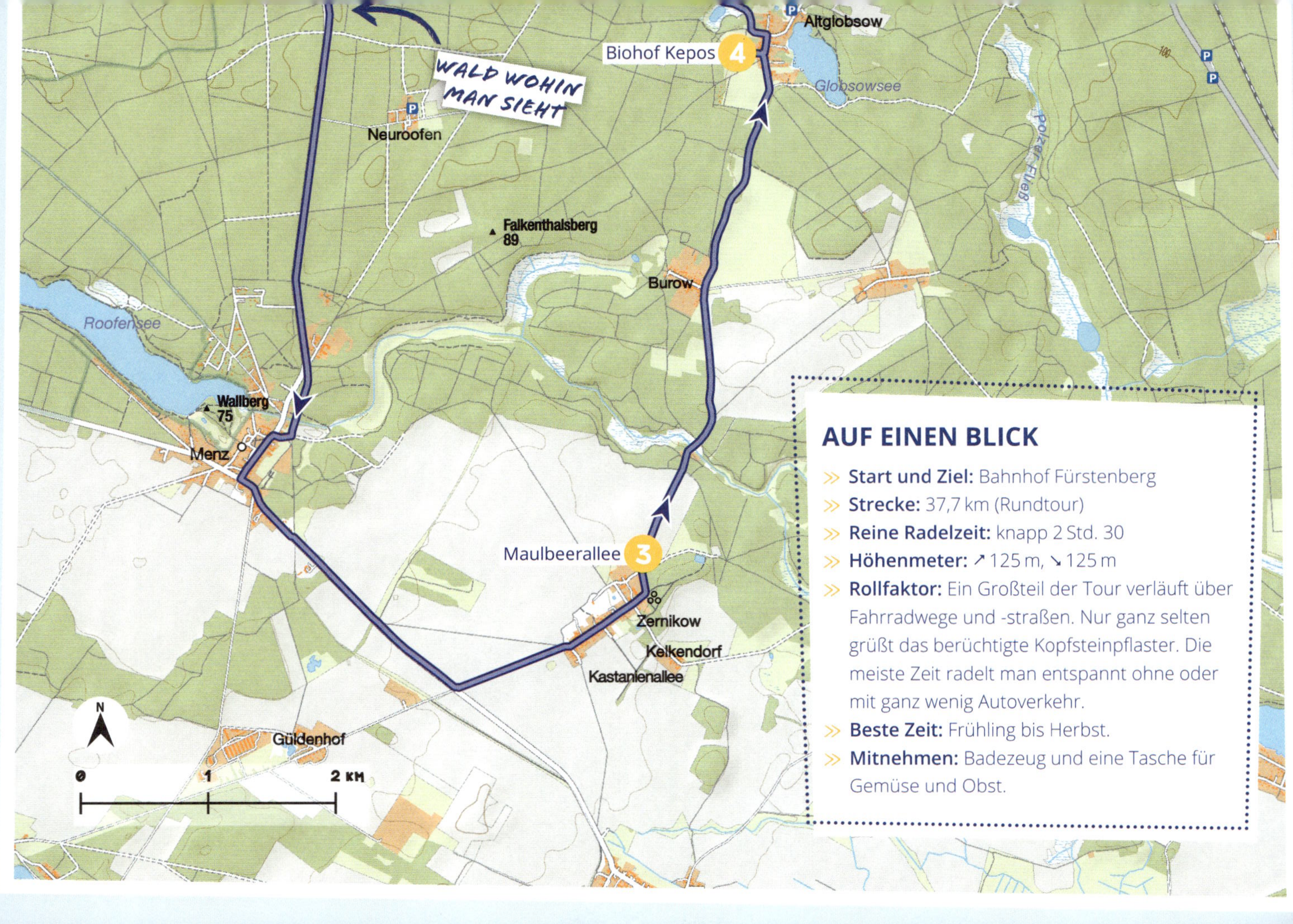

AUF EINEN BLICK

- **Start und Ziel:** Bahnhof Fürstenberg
- **Strecke:** 37,7 km (Rundtour)
- **Reine Radelzeit:** knapp 2 Std. 30
- **Höhenmeter:** ↗ 125 m, ↘ 125 m
- **Rollfaktor:** Ein Großteil der Tour verläuft über Fahrradwege und -straßen. Nur ganz selten grüßt das berüchtigte Kopfsteinpflaster. Die meiste Zeit radelt man entspannt ohne oder mit ganz wenig Autoverkehr.
- **Beste Zeit:** Frühling bis Herbst.
- **Mitnehmen:** Badezeug und eine Tasche für Gemüse und Obst.

AUCH NOCH GANZ NÜTZLICH

ORTSREGISTER

IMPRESSUM

» **Text:**
Volker Häring

» **Cover- und Buchgestaltung:**
Carolin Weidemann, Köln, www.weidemann-design.com

» **Lektorat & Produktion:**
Verlagsbüro Wais & Partner, Stuttgart, www.wais-und-partner.de

» **Fotos:**
Titelfoto: Jorge_Alia / istock; Fotos Innenteil: Volker Häring

» **Kartografie:**
©KOMPASS-Karten GmbH, kompass.de unter Verwendung von ©OpenStreetMap Contributors, osm.org/copyright

» **S. 222 / 223:**
Marie Geißler (Illustration), Jens Bey (Text)

Printed in Poland

1. Auflage 2023

ISBN 978-3-616-03194-1

www.dumontreise.de

RECHTS ODER LINKS? IMMER WISSEN, WO'S LANGGEHT!

» TOURENVERLAUF
GPX-Daten zum kostenlosen Download
www.dumontreise.de/radelzeit/
mecklenburgische-seenplatte

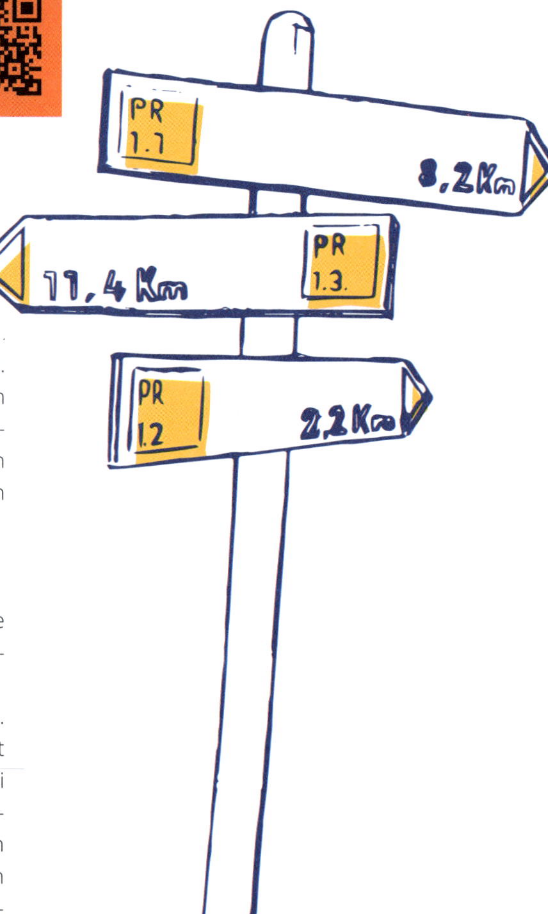

GPX-DOWNLOAD AUFS SMARTPHONE – SO GEHT'S

» **Voraussetzung:**

Eine Outdoor-App muss installiert sein, z. B. KOMPASS, Outdooractive oder Komoot. Zum Einlesen des QR-Codes benötigen ältere Android-Geräte eine QR-Code-App. Bei neueren Android- und iOS-Geräten ist diese Funktion in der Kamera integriert.

» **Daten downloaden:**

1. Den QR-Code einlesen oder die Webadresse im Browser eingeben, um auf die Radelzeit-Website zu gelangen.
2. Die gewünschte Tour zum Download anklicken.
3. Bei iOS-Geräten werden die GPX-Daten direkt mit der vorab installierten App verknüpft. Bei Android-Geräten muss ggf. noch eine Weiterleiten-Button geklickt werden (z. B. oben rechts im Display). Manche Apps zeigen den Tourverlauf starr an, andere haben eine Navigationsfunktion dabei.

WEITERRADELN ...

ISBN 978-3-616-03195-8

ISBN 978-3-616-03197-2

ISBN 978-3-616-03189-7

ISBN 978-3-616-03196-5

ISBN 978-3-616-03188-0

ISBN 978-3-616-03192-7

ISBN 978-3-616-03198-9

ISBN 978-3-616-03199-6

Noch mehr Radelinspiration gibt's im gut sortierten Buchhandel und unter www.dumontreise.de

YOGA FÜR DAVOR UND DANACH

SCHMETTERLING

» Setze dich auf den Boden und lege die Unterseiten deiner Füße aneinander, indem du die Knie nach außen fallen lässt. Nun langsam, ohne viel Kraft, nach vorne lehnen und die Füße mit den Händen umschließen. Entspannt drei Minuten in der Position bleiben, langsam und tief durch die Nase ein- und ausatmen. Um die Übung zu verlassen, die Hände neben bzw. hinter den Körper legen, langsam ein Bein nach dem anderen ausstrecken und nach vorne bringen.

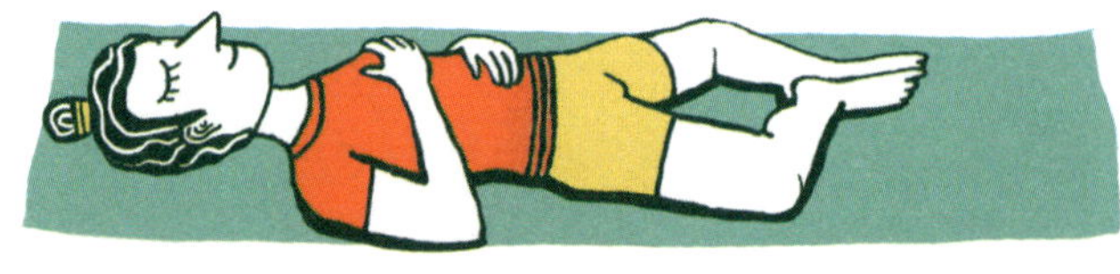

HÖR AUF DEIN HERZ

» Lege dich rücklings auf den Boden, ziehe die Knie an und stelle die Füße flach auf den Boden. Lass jetzt die Knie zur Seite fallen und bring die Fußsohlen zusammen. Lege eine Hand auf deinen Bauch und eine Hand in die Nähe deines Herzens. Schließe deine Augen, atme tief ein und aus und halte die Position mindestens 30 Sekunden lang.

KATZENBUCKEL

» Gehe auf alle viere, die Knie direkt unter der Hüfte. Handgelenke, Ellenbogen und Schultern liegen auf einer geraden Linie, die Arme sind gestreckt, der Kopf in Verlängerung des Rückens mit Blick nach unten. Mache mit dem Ausatmen den Rücken rund, der Kopf geht Richtung Boden, wird aber nicht auf die Brust gepresst. Während des Einatmens wandert dein Bauchnabel in Richtung Boden, hebe gleichzeitig den Kopf. Wiederhole die Übung mehrmals.

ZURÜCKGELEHNT

» Knie dich auf den Boden, mit den Oberseiten deiner Füße auf dem Boden. Bring die Knie zusammen, dein Gesäß geht langsam zum Boden, deine Füße rutschen zur Seite und kommen neben deinen Hüften zu liegen. Schiebe mit den Händen deine Oberschenkel nach innen, lehne dich zurück auf deine Unterarme und lege den Oberkörper langsam ab. Halte die Position für mindestens 30 Sekunden.

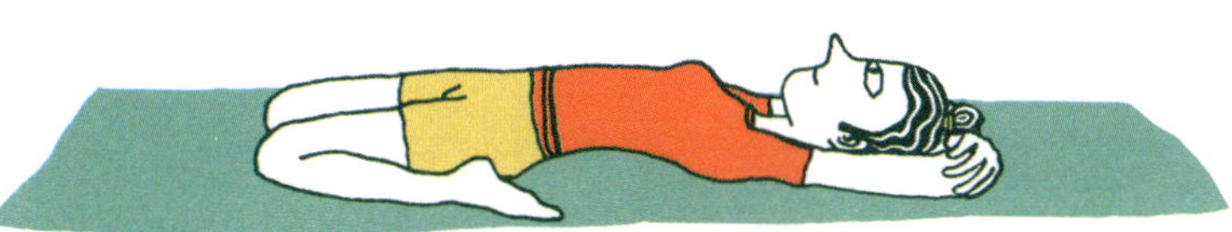

DIE PERFEKTE TOUR ...

#FÜR SONNENHUNGRIGE

Keine lauschigen Buchenwälder, dafür viele Hügel, weite Ausblicke und unendlich viel Sonne! Die ideale Tour, um Radlerbräune anzunehmen.

» **TOUR 12, S. 124**

#FÜR NEUGIERIGE

Wo entspringt sie denn nun, die Havel? Wie war das noch einmal mit Schliemann und dem Holzpferd? Und warum stehen da Alpakas am Wegesrand?

» **TOUR 13, S. 134**

#FÜR WASSERRATTEN

Der Tollensesee ist nicht nur einer der schönsten Seen der Region, sondern lockt auch allenthalben mit Bademöglichkeiten.

» **TOUR 14, S. 144**

#FÜR LECKERMÄULER

Der Abstand zwischen den Fischbuden ist oft nicht groß auf der Seenplatte. Nicht so am Westufer der Müritz, wo einmal für kulinarische Abwechslung gesorgt ist.

» **TOUR 11, S. 114**

#FÜR FAULE

Um Endmoränen macht diese Tour einen großen Bogen, kein Auf und kein Ab! Anfangs eine Schussfahrt und eine kunstvolle Badestelle mittendrin. Entspannung!

» **TOUR 16, S. 164**